지구를 아끼는 10대를 위한 반려해변 이야기

들어가는 글

   저는 부산에서 태어나 항상 바다를 가까이 두고 자랐어요. 주말이면 가족과 함께 해변을 산책하곤 했지요. 중학교 때는 반 친구들과 함께 광안리 해변으로 체험 학습을 간 기억도 있어요. 친구들과 함께 맨발로 모래사장을 걷고, 파도에 발을 담그며 즐겁게 놀았던 그때의 바다는 지금과는 참 많이 달랐어요.

   혹시 송정 바다를 아시나요? 지금의 송정처럼, 그때 광안리 바다도 모래사장이 아주 넓고 길었답니다. 하지만 지금은 그 넓던 모래사장이 많이 사라져 버렸어요. 어릴 적 추억이 담긴 해변이 달라진 모습을 보면, 마음 한쪽이 허전해지기도 해요.

   그래도 광안리 앞바다에는 여전히 파도가 부드럽게 밀려오고, 갈매기가 하늘을 날며 바다와 어울리는 아름다운 풍경을 만들어 줘요. 그런데 조금만 주위를 둘러보면, 해변 곳곳에 버려진 쓰레기들이 보여요. 플라

스틱 컵, 빨대, 담배꽁초처럼 바다에 있어서는 안 될 것들이죠.

  이 이야기를 쓰게 된 건, 제가 어릴 적 보았던 그 깨끗하고 반짝이던 바다를 다음 세대 아이들에게도 꼭 보여 주고 싶었기 때문이에요. 삼면이 바다인 우리나라에게 바다는 정말 소중한 보물이에요. 그 아름다운 보물을 함께 지켜 가고 싶은 마음으로 이 책을 쓰게 되었어요.

  여러분이 주운 작은 플라스틱 하나가 물고기 한 마리를 지킬 수 있어요. 이 책을 읽고 여러분도 바다를 아끼는 멋진 친구가 되어 주면 정말 기쁠 거예요. 그리고 언젠가 우리가 함께 지켜 낸 그 깨끗하고 건강한 바다에서 서로에게 '참 잘했다'라고 칭찬하면서 만날 수 있기를 진심으로 바란답니다.

김현정

차례

1장
반려동물이 아니라 반려해변이라고요?
해변에서 만난 녹색 영웅 • 7
해변에서 찾은 소중한 보물 • 20
★ 해변을 입양하여 사랑하는 반려해변의 제도를 알아볼까요? • 32

2장
바다에서 불꽃놀이를 하면 안 된다고요?
불꽃놀이의 비밀 • 35
가장 특별한 생일 이벤트 • 47
★ 우리는 왜 반려해변을 입양해야 할까요? • 56

3장
해변에서 죽은 고래를 발견했다고요?
바다에서 온 고래 • 59
고래의 마지막 소원 • 69
★ 해양 쓰레기를 줄이는 문화에는 어떤 것이 있나요? • 80

4장
우리도 반려해변을 입양할래요!
작은 해변 마을에 찾아온 나비 • 83
바다와 함께하는 축제 한마당 • 94
★ 반려해변을 돌볼 때 주의해야 할 점은? • 102

반려동물이 아니라 반려해변이라고요?

해변에서 만난 녹색 영웅

"와! 가슴이 뻥 뚫리는 것 같아!"

희원이는 바다를 향해 크게 소리를 질렀어요.

작은 해변 마을에 사는 희원이와 누리는 오랜만에 바다 산책을 하러 나왔어요. 한여름 휴가철에는 관광객들이 북적여서 누리와 함께 달리기가 어렵거든요.

가을 아침 햇살이 해변을 비추고, 하얀 파도가 모래사장으로 밀려왔어요. 그 모습을 보고 반려견 누리도 좋아서 펄쩍펄쩍 뛰었어요.

"누리, 오랜만에 뛰어 볼까?"

희원이는 누리와 함께 천천히 달렸어요. 이윽고 옆에서 희원이와 속도를 맞추어 뛰던 누리가 점점 속도를 내며 앞서 달려 나가기 시작했어요. 신이 난 누리는 발이 젖는 것도 아랑곳하지 않고 해변 모래사장 위

를 내달렸어요.

그런데 어떻게 된 일일까요? 점점 누리의 달리는 속도가 느려지더니 급기야 모래사장에 털썩 주저앉아 버리는 거예요.

"뭐야? 벌써 지친 거야?"

희원이는 낑낑거리는 누리를 쓰다듬다가 깜짝 놀랐어요. 누리 발에서 피가 배어 나오고 있었거든요.

"누리야, 다친 거야?"

희원이는 무언가에 베인 듯한 누리 발을 보고 다급히 주위를 살폈어요. 근처에 깨진 병이 모래사장에 파묻혀 있는 모습이 보였어요. 희원이가 깨진 병을 집으려 손을 뻗자 낯선 목소리가 들렸어요.

"조심해! 맨손으로 만지면 다칠 수 있어."

처음 보는 언니가 다가오더니 들고 있던 집게로 깨진 병을 집어서 커다란 자루에 넣었어요. 그리고 누리의 상태를 보더니 휴대폰을 꺼내 들었어요.

"저기 '용궁 동물병원' 보이지? 거기 수의사 선생님을 불러 줄게."

용궁 동물병원은 한 달 전 해안가 바로 앞에 새로 생긴 곳인데 한 번도 가 본 적은 없어요. 언니가 전화를 걸자 잠시 후 어떤 아저씨가 구급상자를 들고 헐레벌떡 달려왔어요.

"윤아야, 다쳤다는 친구가 이 녀석이야?"

급하게 달려온 수의사 선생님은 상자를 열며 언니에게 물었어요. 아하, 언니의 이름이 윤아인가 봐요.

"안녕, 내가 강아지를 좀 살펴봐도 될까?"

선생님이 희원이에게 물었어요.

"네. 감사합니다. 누리가 이렇게 낑낑대는 건 처음 봐요."

희원이는 눈물을 글썽이며 대답했어요.

"이름이 누리구나. 많이 아프지?"

선생님은 누리에게 말을 걸며 다친 발을 꼼꼼히 살폈어요. 그러고는 능숙하게 상처 부위를 소독하고 연고를 발랐어요. 선생님이 치료를 하는 동안 희원이는 부모님께 연락을 해서 상황을 알렸어요.

그제야 희원이는 언니와 수의사 선생님이 똑같은 옷을 입고 있다는 것을 깨달았어요. 흰 티셔츠에 '마우리 해변을 입양했어요'라는 문구가 쓰여 있었지요. 마우리 해변을 입양했다니, 그게 무슨 말일까요? 희원이는 호기심이 생겼어요.

"다행히 상처가 깊지는 않네. 응급 치료를 했으니까, 오늘 하루 지켜보다가 아파하면 우리 병원으로 데려오렴."

희원이는 두 사람에게 고맙다는 인사를 했어요.

"감사합니다. 아빠한테 연락했어요. 금방 이리로 오실 거예요."

"잘했어. 저기 '마우리 해변을 입양했어요'라고 쓰인 현수막 보여? 우리 캠프인데, 아빠가 올 때까지 저기서 잠시 기다리고 있을래?"

희원이가 고개를 끄덕이자 수의사 선생님이 누리를 번쩍 안아 들고 캠

프 쪽으로 성큼성큼 걸어갔어요.

"아참, 소개가 늦었네. 내 이름은 윤아라고 해. 저 사람은 용궁 동물병원 수의사이자 우리 아빠야."

알고 보니 언니는 수의사 선생님의 딸이었던 거예요. 희원이도 자기소개를 했어요.

"저는 희원이에요. 윤아 언니라고 불러도 돼요?"

윤아는 방긋 웃으며 고개를 끄덕였어요.

"누리는 언제부터 가족이 된 거야?"

나란히 천막으로 걸어가는 길에 윤아가 물었어요.

"2년 전쯤에 유기견 보호센터에서 입양했어요. 저에겐 형제가 없어서 누리가 제 동생이나 다름없는데, 모래사장에서 산책하다가 다칠 거라곤 상상도 못 했어요."

희원이가 수의사 선생님 품에 안겨 있는 누리를 보며 인상을 찌푸렸어요.

"맞아. 이런 일이 생길까 봐 마우리 해변을 입양해서 청소하고 있었는데. 나도 너무 속상해."

희원이는 윤아 말을 듣고, 티셔츠에 새겨진 문구가 다시 궁금해졌어요.

"그런데 언니, 마우리 해변을 입양했다고요? 그게 무슨 말이에요?"

희원이가 티셔츠에 적힌 문구를 가리키며 물었어요.

"너 혹시 '반려해변 캠페인'에 대해 들어 봤어?"

희원이가 고개를 젓자, 윤아는 친절하게 설명해 주었어요.

"반려해변 캠페인은 희원이가 강아지 누리를 입양해서 돌보듯 해변도 입양해서 깨끗하게 보호하고 돌보는 캠페인이야. 저기 천막 아래에 모인 사람들 보이지? 저분들 모두가 마우리 해변을 입양해서 청소하러 모인 사람들이야."

희원이가 잠시 생각하더니 되물었어요.

"해변을 청소한다는 말은 알겠는데, '반려해변'이라는 말이 어려워요."

윤아가 희원이의 말을 듣더니 스마트폰으로 '용궁 방송국'이라는 앱을 열었어요. 그러자 휴대폰 화면에 물고기가 헤엄쳐 다니는 바닷속 풍경이 나타났어요. 오른쪽 상단에는 [Q&A]라고 쓰여 있는 마이크가 깜박이고 있었고요.

"우와, 이게 뭐예요?"

윤아는 아빠인 수의사 선생님과 함께 바다에 대한 다양한 정보와 반려해변 캠페인을 소개하는 앱을 만들었다고 했어요.

"반려해변이라는 말이 좀 어렵지? 용궁 방송국에서 근무하는 인어 기자에게 한번 물어볼까?"

희원이가 아리송하다는 표정을 짓자 윤아가 상큼하게 윙크를 하며 [Q&A] 마이크를 터치했어요. 그러자 스마트폰 화면 중앙에 마이크 그림이 떠올랐어요. 이어서 윤아가 마이크에 대고 "인어 기자, 반려해변에 관해 자세히 알려 줘!" 하고 말하자, 머리에 빨대를 비녀처럼 꽂은

 인어 캐릭터가 헤엄쳐 나오는 거예요. 상반신은 귀여운 여자아이의 모습, 하반신은 분홍빛 예쁜 비늘을 지닌 물고기 꼬리의 모습이에요. 기자처럼 손에 든 마이크에는 '용궁 방송국'이라는 로고가 반짝거리고 있었어요.
 "우와, 진짜 인어다!"
 희원이가 소리치자 윤아가 활짝 웃으며 집게손가락을 입에 가져갔어요. 인어 기자가 대답하기 시작했거든요.

용궁방송국

인어 기자, 반려해변에 관해 알려 줘!

'반려해변' 캠페인은 **기업이나 단체, 학교가 특정 해변을 반려동물처럼 돌보고 가꾸는 프로그램**이야.

이 활동은 1986년 미국 텍사스주에서 시작된 해변 입양제도를 우리나라 방식으로 바꾼 것인데, 마치 강아지나 고양이를 입양해 돌보듯 해변을 입양해서 해양 쓰레기를 줄이자는 목적을 가지고 있어.

우리나라에서는 2020년 9월 제주 해변(금능, 표선 중문색달 해수욕장)에서 처음으로 시작되었는데, 해양환경공단에 의하면 2024년을 기준으로 전국의 230개 기관이 149개 해변을 대상으로 반려해변 활동을 진행하고 있어. 우리 바다를 아끼고 지키려는 노력인 셈이지.

아, 중요한 걸 잊어버릴 뻔했네. 해양환경 보호에 관심 있는 기업, 학교, 민간 단체 등 단체라면 누구나 **반려해변 플랫폼**(www.caresea.kr)에 접속해 입양을 신청할 수 있어. 신청 후 심사를 거쳐 선정 결과를 안내해 줄 거야. 어때, 기대되지 않니?

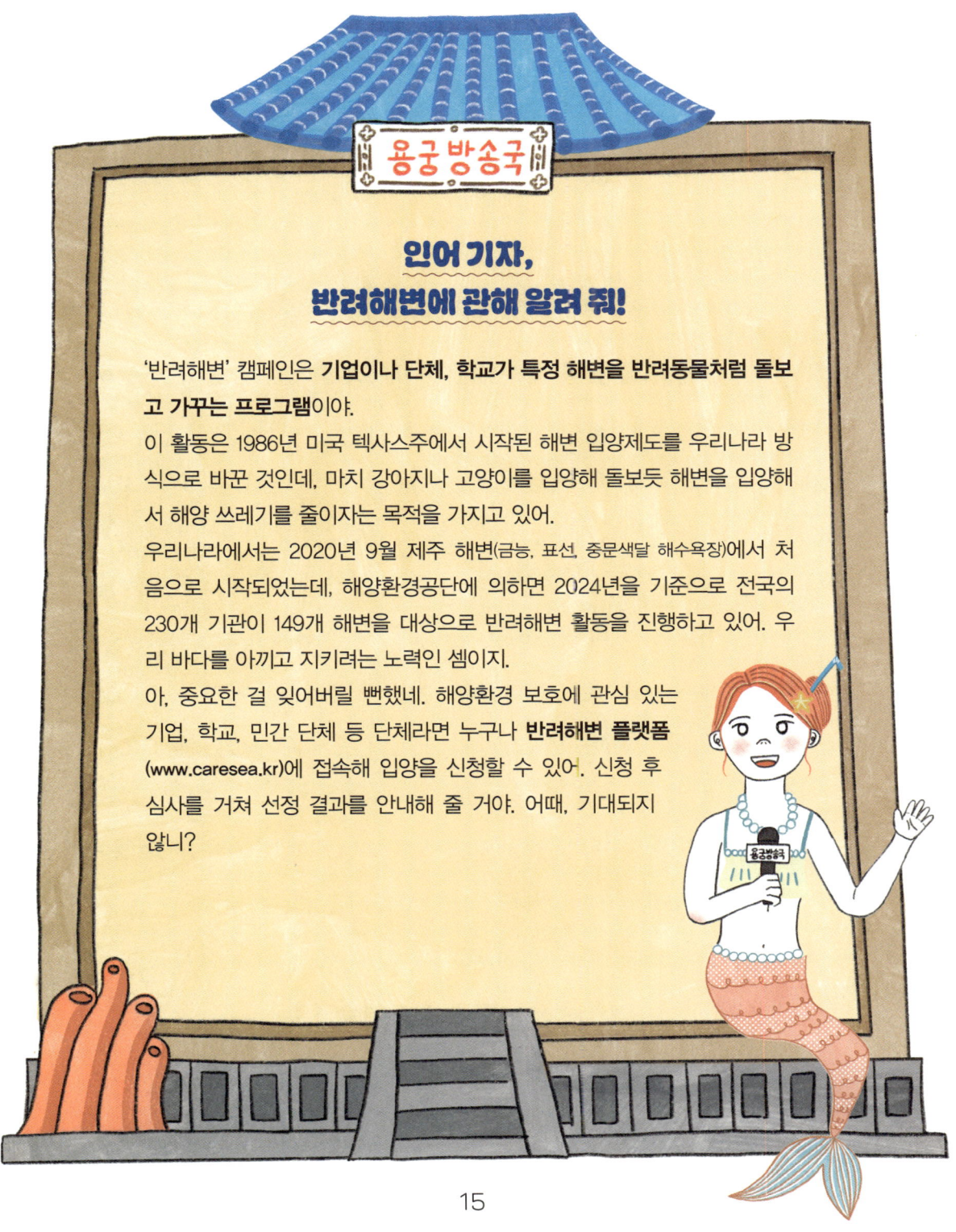

"어때? 이제 반려해변이 무엇인지 알 것 같니?"

"네, 조금 어렵지만 그래도 알 것 같아요. 그런데 왜 이런 앱까지 직접 만들면서 반려해변 캠페인 활동을 하시는 거예요?"

"어떡하지? 그건 비밀인데."

"제 별명이 자물쇠예요. 한번 들어온 비밀은 절대로 밖으로 나가지 않아요. 그러니까 그 비밀, 저한테만 알려 주세요."

희원이는 윤아의 팔을 잡고 비밀을 이야기해 달라고 졸랐어요. 윤아는 못이기는 척 이야기를 시작했어요.

"내가 어릴 때 우리 가족이 덴마크로 여행을 간 적이 있는데, 그때 코펜하겐 바닷가에서 인어 조형물을 처음으로 봤어. 엄청 기대했는데 생각보다 크기가 작아서 좀 실망하고 있었거든. 그런데 우연히 관광객으로 보이는 어떤 엄마와 아이가 인어를 보며 나누는 대화를 듣게 되었어."

희원이는 귀를 쫑긋 세우고 윤아의 이야기에 빠져들었어요.

─엄마, 저 인어는 왜 바다에 가지 않고 바위 위에 계속 앉아 있어요?

─글쎄, 엄마가 인어에게 물어볼게.

"아이의 엄마는 두 손을 귀에 가져다 대고 무언가 듣는 시늉을 하더니, 잠시 후 고개를 끄덕이고는 땅에 떨어진 쓰레기를 줍는 거야."

"엥? 쓰레기를 갑자기 왜 주웠어요?"

희원이가 고개를 갸웃거리자 윤아가 말을 이었어요.

"그 엄마가 아이에게 이렇게 말하더라고."

─사람들이 버린 쓰레기 때문에 바다가 너무 오염되어서 인어가 돌아갈 수 없게 됐대. 제발 바다로 돌아갈 수 있게 깨끗한 바다로 만들어 달라고 하는구나.

"에이, 말도 안 돼요!"

희원이가 풍선에 바람 빠진 듯한 표정으로 중얼거렸어요. 그러자 윤아가 진지한 표정으로 말했어요.

"물론 나도 처음엔 그렇게 생각했지. 그런데 그때 문득, 우리가 살던 마우리 바다가 떠올랐어. 지금은 해마다 각종 쓰레기로 몸살을 앓는 마우리 바다지만 원래는 정말 깨끗했다고 들었거든. 꼭 덴마크에서 만난 그 인어의 말처럼, 마우리 바다도 다시 인어가 살 수 있을 만큼 깨끗해지면 참 좋겠다, 그렇게 생각했어."

희원이가 그제야 이해된다는 표정으로 고개를 끄덕였어요.

"그때부터였던 것 같아. 우리 가족이 바다 환경 오염 문제에 관심을 두기 시작한 게. 그러다가 최근에 반려해변 캠페인을 알게 되면서 아빠가 용궁 방송국 앱도 만들고, 마우리 해변에서 용궁 동물병원도 열게 된 거란다."

"하하, 수의사 선생님은 용궁을 엄청 좋아하시나 봐요."

희원이가 웃음보를 터트리며 대답했어요.

두 사람은 웃으며 함께 천막 안으로 들어섰어요. 천막 안은 많은 사람들로 북적이고 있었어요. 몇몇 사람들은 집게와 마대를 들고 모래사장

으로 나가는 중이었고, 어떤 사람들은 벌써 마대 한가득 쓰레기를 수거해서 들어왔어요. 수거해 온 쓰레기를 분류하며 기록하는 사람들도 보였어요.

　수의사 선생님은 누리를 천막 한쪽 귀퉁이에 내려놓고 안정시켜 주었어요. 희원이가 누리의 목을 껴안자, 누리도 많이 진정된 모습으로 희원이의 얼굴을 핥았어요.

　"그나저나 두 사람, 걸어오면서 무슨 이야기를 그렇게 재밌게 했어?"

　수의사 선생님이 묻자 윤아와 희원이는 입에 자물쇠를 채우는 시늉을 하며 동시에 대답했어요.

　"비밀!"

해변에서 찾은
소중한 보물

 윤아 언니와 인어 기자가 들려준 이야기를 듣고 나니, 희원이도 바다에 미안한 마음이 들기 시작했어요. 하지만 한편으로는 안심이 되기도 했지요.
 "선생님, 그래도 우리 마우리 해변은 깨끗한 편이라 다행이에요."
 "뭐라고?"
 수의사 선생님의 눈썹이 한껏 올라갔어요.
 "오늘 누리가 다치긴 했지만 이건 아주 드문 일이고, 평소에는 모래사장이 깨끗하거든요."
 "정말 그럴까?"
 수의사 선생님은 의미심장한 미소를 지었어요. 입을 열고 희원이에게 뭔가 말하려 하는데, 윤아가 마대와 집게를 들고 가까이 다가왔어요.

"아빠, 이제 우리가 청소할 차례예요. 희원이 넌 여기 천막에서 아빠 오실 때까지 기다리렴."

수의사 선생님과 윤아가 나갈 채비를 하자 희원이도 얼른 따라 일어섰어요.

"저, 혹시 저도 같이 해도 될까요?"

희원이가 조심스럽게 묻자, 윤아가 웃으며 대답했어요.

"마침 오늘은 어린이를 위한 '반려해변 체험의 날'이야. 직접 정화 활동은 어렵지만, 옆에서 활동을 돕고 체험할 수 있어. 코디네이터 선생님께 여쭤 보자."

윤아가 희원이의 마음을 전하자, 선생님은 부드럽게 미소 지으며 대답했어요.

"오늘은 특별히 안전 교육만 받으면 바로 참여할 수 있어요."

희원이는 눈을 반짝이며 고개를 끄덕였어요.

잠시 후, 교육을 마친 희원이에게 윤아가 장갑과 집게를 건넸어요.

솔직히 지금까지 희원이는 해변 청소에는 큰 관심이 없었어요. 해변은 마냥 즐겁게 노는 놀이터였거든요. 모래성도 쌓고, 조개도 줍고, 누리랑 산책도 하는 그런 곳이요. 굳이 청소를 해야 한다고는 생각하지 않았지요.

그런데 막상 체험 활동을 시작하자마자 '괜히 한다고 했나?' 싶을 정도로 쓰레기가 많았어요. 줍고 또 주워도 도무지 끝이 보이지 않아서 허리

다양한 종류의 해변 쓰레기들

를 펼 수가 없었지요.

쓰레기의 양도 많았지만 종류도 다양했어요. 생수병, 종이컵, 닳아서 동글동글해진 스티로폼 부표들이 생각보다 많이 나왔어요.

"희원아, 모래를 파서 뜰채로 걸러 볼래?"

윤아가 뜰채를 건네주며 말했어요. 희원이는 요리사가 밀가루를 체에 거르듯, 백사장의 모래를 뜰채로 내렸어요. 그러자 모래가 흘러내리고 난 자리에 얇은 비닐 조각, 담배꽁초, 철사 같은 아주 작은 쓰레기가 건더기처럼 남았어요.

"이렇게 작은 쓰레기들은 모래 속에 파묻혀 있어서 줍기가 어려워. 결국 이런 것들이 파도에 휩쓸려 가서 바다를 오염시키게 되는 거지."

윤아가 걸러진 쓰레기들을 일일이 분류하며 말했어요.

"그치만 겨우 이 정도 쓰레기로 저 넓은 바다가 오염될까요? 엄청 작잖아요."

희원이가 뜰채 안에 있는 쓰레기를 보며 물었어요.

"희원이 네 말대로 바다는 지구 표면적의 70퍼센트를 차지할 만큼 넓고 깊은 곳이야. 그래서 이 정도는 괜찮겠지, 하는 마음으로 전 세계인들이 쓰고 버린 각종 쓰레기가 차곡차곡 바다에 쌓여서 바다가 인류의 쓰레기통이 되고 말았어. 그 대표적인 예가 북태평양에 있는 플라스틱 쓰레기 섬이지."

플라스틱 쓰레기 섬은 희원이도 이미 알고 있는 이야기였어요. 플라스틱 쓰레기가 해류를 따라 바다에서 둥둥 떠다니다가 모이고 모여 결국 거대한 쓰레기 섬이 되었다고 학교에서 배웠거든요. 심지어 플라스틱 섬은 한두 개가 아니래요. 북태평양뿐만 아니라 대서양, 인도양 그리고 남태평양에도 해류를 따라 떠다니고 있지요.

"우리가 자주 쓰는 플라스틱이 이렇게 바다를 오염시킬 줄은 몰랐어요. 왜냐면 저는 항상 플라스틱 쓰레기를 분리수거 해서 재활용 통에 버리거든요."

그러자 이번에는 윤아와 희원이의 이야기를 듣고 있던 수의사 선생님이 끼어들었어요.

"맞아, 그런데 우리가 분리 배출한 플라스틱 제품이 모두 재활용되는 것이 아니니까, 미처 생각하지 못할 수도 있지."

"어떤 것들이 재활용되지 않는 거죠?"

"복합 재질 플라스틱 제품은 두 개 이상의 다른 재료가 결합하여 만들어진 건데, 이러한 제품은 재활용이 어려울 수 있어. 마침 여기 하나 있구나."

수의사 선생님이 모래사장에서 끄집어낸 것은 엄마 화장대에서 자주 보던 화장품 병이었어요. 몸통은 유리로 되어 있지만, 로션이 나오는 입구 부분은 플라스틱 재질이었고, 몸통과 입구는 단단히 붙어 있어 쉽게 분리하기 어려운 구조였지요.

"그 밖에도 식품 포장에 사용되는 합성수지나 알루미늄이 섞인 복합 재질 용기, 트레이류 포장재, 그리고 과자 통이나 살충제 통 같은 복합 재질 제품은 분리수거가 된다고 해도 재활용하기가 어려워. 특히 배달 음식 용기 중에는 음식물 때문에 오염되거나, 재질이 섞여 있어서 재활용이 어려운 경우가 많단다."

하지만 희원이는 여전히 알쏭달쏭한 표정이에요.

"그렇다고 해도 전 이해가 잘 안 돼요. 사람들이 이렇게 해변 청소도 하고 재활용 분리배출도 열심히 하는데, 바다에 떠다니는 그 많은 플라스틱 쓰레기는 어디서 오는 거죠?"

"하하, 희원이 궁금한 게 정말 많구나? 그러면 이번엔 네가 직접 인어 기자에게 물어볼래?"

희원이는 윤아의 도움을 받아 용궁 방송국 앱을 설치하고 [Q&A] 마이크를 터치했어요. 마이크가 생성되어 화면에 깜박이자 희원이는 아까 윤아가 했던 것처럼 마이크에 입을 바짝 대고 궁금한 내용을 물었어요.

"인어 기자, 바다를 오염시키는 쓰레기들은 대체 어디서 오는 건지 알려 줘!"

그러자 귀여운 인어 기자가 뽀르르 등장했어요. 이번에는 빨대 비녀 대신 캔 따개를 귀걸이처럼 걸고 나타났지요.

용궁 방송국

인어 기자, 바다를 오염시키는 쓰레기들은 대체 어디서 오는 건지 알려 줘!

바다를 오염시키는 플라스틱 쓰레기는 여러 경로를 통해 바다로 들어오지. 지금부터 하나씩 이야기해 줄게.

첫째, **육지에서 발생하는 플라스틱 쓰레기**가 바람이나 강물을 통해 바다로 흘러가게 돼. 주로 해변이나 하천 근처에서 발생한 쓰레기가 바다로 들어오는 거지.

둘째, **어업과 해양 산업에서 사용되는 장비나 포장재**로 인해 플라스틱 쓰레기가 바다로 배출될 수 있어. 어망, 그물, 물고기 포장재 등이 바로 그 대표적인 예라고 할 수 있지.

셋째, 쓰레기 수거 및 처리 시설이 부족하거나 관리가 제대로 되지 않아서 해변이나 해안 지역에 버려진 쓰레기가 바다로 흘러들어오는 일도 있어.

넷째, **재활용률이 낮은 플라스틱 쓰레기**는 땅에 묻거나 불에 태워서 처리해. 그런데 이런 비용을 아끼려는 사람이 몰래 바다에 버리는 일도 있어.

이렇게 다양한 이유로 플라스틱 쓰레기가 바다로 흘러 들어가고 있고, 이는 해양 생태계에 심각한 영향을 미치고 있지. 잘 알겠니?

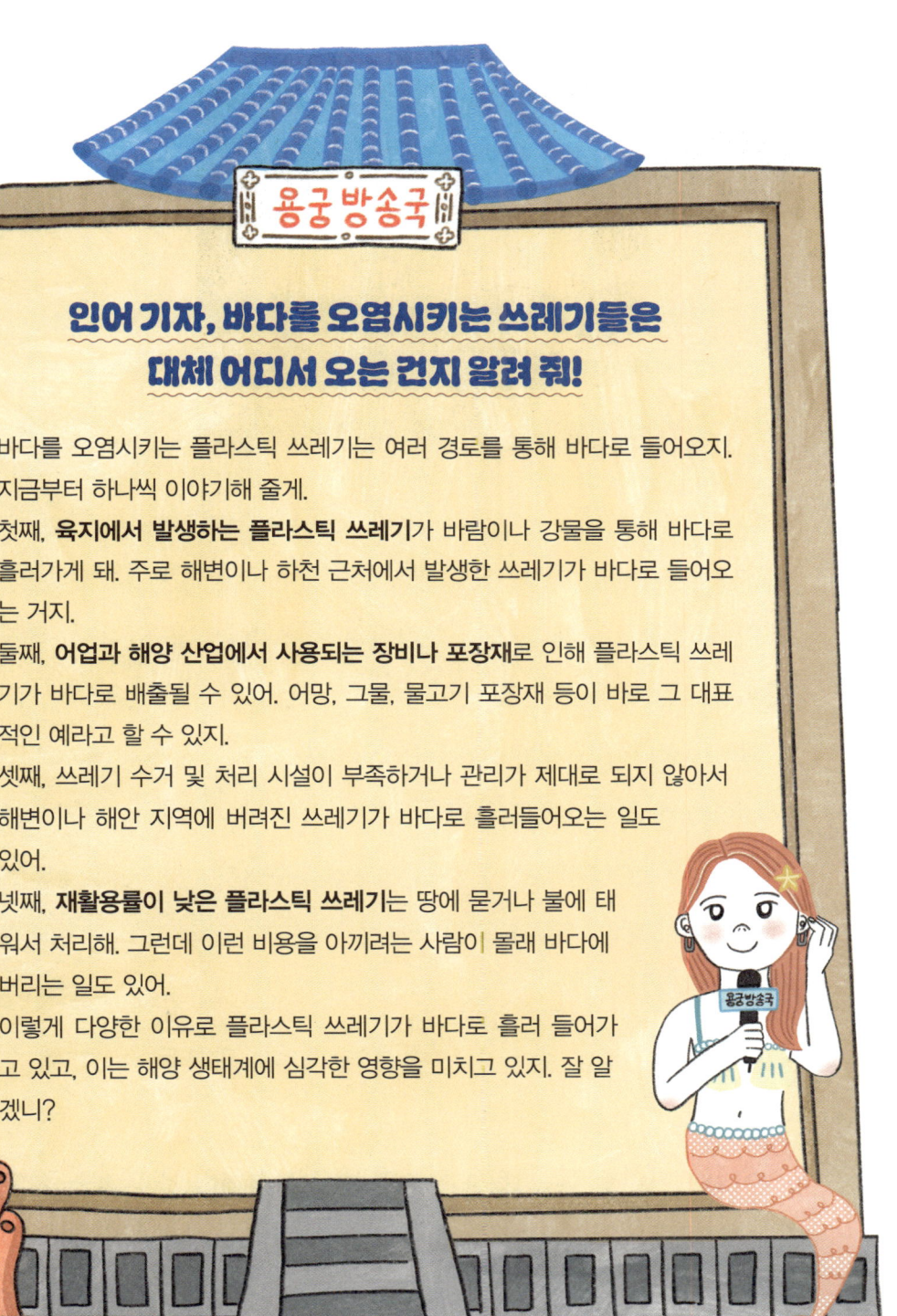

폐그물에 얽혀 버린 바다거북

 인어 기자의 똑 부러지는 설명을 들으니 희원이의 궁금증은 좀 풀렸어요. 하지만 이렇게 많은 쓰레기가 바다에 버려지고 있다니, 왠지 알고 싶지 않은 비밀을 들은 것 같아 기분이 찜찜하기도 했어요.
 "여기 좀 도와주시겠어요?"
 다른 조에서 쓰레기를 수거하던 사람이 모래사장에 묻힌 커다란 폐그물을 당기며 도움을 요청했어요. 그러자 수의사 선생님이 얼른 그쪽으로 뛰어갔어요.
 "영차! 영차!"
 잔뜩 엉켜 버린 그물은 어른 여러 명이 겨우 달라붙어서 꺼낼 수 있었어요.
 "이렇게 버려진 그물을 잘 치우지 않으면 동물들이 그물에 갇혀서 생명이 위태로울 수 있단다."

"그렇군요……."

희원이와 반려해변 캠페인에 참여한 사람들은 모두 이마에 송골송골 맺힌 구슬땀을 닦으며 한숨을 내쉬었어요.

그런데 한쪽에서는 바닷가에 놀러 온 관광객들이 물놀이를 하며 깔깔 웃는 모습이 보였어요. 한가롭게 해변가를 산책하는 사람들, 돗자리를 깔고 누워 있는 사람들도 있었지요.

똑같이 바다에 왔는데 누구는 청소를 하고 누구는 놀고 있는 모습이 어쩐지 이상하게 느껴졌어요.

희원이는 한동안 그 모습을 지켜보다가 다시 모래사장에 앉아 쓰레기를 줍기 시작했어요. 누군가 비닐장갑 안에 모래를 가득 채워서 버린 쓰레기가 나왔어요. 희원이는 묵직한 비닐장갑을 마대에 넣으며 윤아에게 물었어요.

"근데 언니. 다른 사람들은 모두 바다에서 노는데, 이렇게 쓰레기 줍는 게 귀찮지 않아요?"

"귀찮지 않다고 하면 거짓말이겠지. 그래도 지금처럼 내가 쓰레기를 주워서 분리하고 나면 다른 사람들은 훨씬 깨끗하고 안전한 해변을 즐길 수 있을 거야. 그리고 그다음엔, 나도 누군가가 치워 놓은 아름다운 해변을 맘껏 누릴 수 있겠지?"

그러더니 윤아는 희원이가 방금 마대에 넣은 비닐장갑을 다시 꺼내는 거예요. 희원이는 어리둥절한 표정으로 윤아를 쳐다봤어요. 윤아는 비

닐장갑에 가득 들어 있던 모래를 탈탈 턴 뒤에 다시 마대에 넣으며 희원이에게 미소를 지었어요.

"이 모래도 우리가 지켜 줘야 할 해변의 소중한 보물이거든."

아차, 해변의 모래도 쓰레기처럼 그냥 버리견 되는 줄 알았는데 아니었나 봐요. 쓰레기는 그냥 줍기만 하면 되는 줄 알았는데, 생각해야 할 게 많은 것 같았어요.

컹컹!

천막 안에서 쉬던 누리가 짖는 소리가 들려 고개를 들어 보니, 어느새 희원이 아빠가 천막 근처까지 와 있었어요. 누리는 아빠를 보고 일어나 반갑게 꼬리를 흔들었어요.

"아빠! 저 여기 있어요. 우리 마을의 해변을 깨끗하게 돌보고 있어요!"

희원이는 장갑 낀 손을 흔들며 뿌듯한 표정으로 소리쳤어요.

해변을 입양하여 사랑하는 반려해변의 제도를 알아볼까요?

1 반려해변 제도의 목적

시민이 함께 바다 쓰레기 문제를 고민하고, 해변 정화 활동을 통해 해양 보호를 실천하고자 하는 데 있어요.

2 반려해변 제도 참여기관 조건

입양 기간은 1년이며, 연간 2회 이상의 해변 정화 활동과 연 1회 이상의 사무국 캠페인 참여 또는 개별적인 해양 쓰레기 저감 캠페인을 진행해야 해요. (2025년 6월 기준)

3 반려해변 제도의 구체적인 활동 내용

주로 해변에서 쓰레기를 줍는 활동이에요. 바람에 날려 온 플라스틱, 파도에 떠밀려 온 병 같은 쓰레기를 장갑을 끼고 집게로 하나하나 주워요. 더불어 해양 쓰레기 저감을 위한 캠페인 활동으로 도시의 빗물받이 주변을 깨끗하게 정리하는데, 빗물받이에 담배꽁초나 쓰레기를 버리면 그대로 바다로 흘러가기 때문입니다.

4 반려해변 제도 참여기관 혜택

반려해변을 입양하면 지역 코디네이터가 매칭되어 해양 정화 활동을 지원받을 수 있고, 집게나 마대 등 활동 물품도 제공돼요. 우수 활동기관은 홍보 및 시상이 이루어지며, 활발히 참여한 개인에게는 포상 등 인센티브가 제공되고, 활동을 마치면 공식 인증서도 발급돼요.

인어 기자가 꼼꼼히 알려 줄게!

반려해변 입양에 대해 궁금하니?

Q 반려해변 활동 신청은 어디서 해야 할까?

A 반려해변 플랫폼(www.caresea.kr)에서 간편하게 신청할 수 있어. 신청하면 코디네이터가 배정될 거야.

Q 코디네이터의 역할은 뭐야?

A 코디네이터는 해변을 입양한 기관이나 단체가 정화 활동과 캠페인을 잘 진행할 수 있도록 도와주는 사람이야. 활동 날짜를 조율하고, 현장에서 함께 쓰레기를 줍거나 안내도 해 주지. 쓰레기 처리와 성과 보고서 등록 방법도 알려 주고, 활동 정리까지 함께하니까, 정말 든든하지?

Q 다른 단체나 기관이 먼저 입양한 해변을 우리가 또 입양하는 것도 가능해?

A 해변의 신청 현황에 따라서 한 해변을 여러 기관이 입양할 수 있어. 이제 궁금증 해결됐지?

2장

바다에서 불꽃놀이를 하면 안 된다고요?

불꽃놀이의 비밀

'흐음, 평범한 선물만으로는 뭔가 부족해. 특별한 이벤트가 필요한데…….'

정민이는 TV 리모컨을 든 채로 고민에 빠져 있어요. 눈은 TV를 보고 있는데, 마음은 오직 희원이의 생일 이벤트 생각뿐이었지요.

희원이는 정민이에게 아주 특별한 친구예요. 전학을 와서 엄청 낯설었는데 제일 먼저 말을 걸어 준 친구가 바로 희원이였거든요.

그때 드라마 속에서 불꽃이 펑펑 터졌어요. 연인들이 강변에서 밤하늘을 물들이는 불꽃을 바라보며 행복해하는 모습이 보였어요.

"저거다!"

정민이 마음속에서도 불꽃이 터졌어요. 희원이를 위한 깜짝 생일 이벤트! 바닷가에서 불꽃놀이를 하면 희원이도 정말 좋아하겠지요?

정민이는 인터넷에서 폭죽의 종류와 가격을 검색했어요.

"이 가격이면 내 용돈으로도 충분히 살 수 있겠어."

희원이와 만날 약속까지 정하고 나자 정민이는 마음이 설레서 잠이 오지 않았어요.

드디어 희원이 생일날. 정민이는 학교를 마치자마자 이벤트 준비를 위해 바닷가 편의점으로 달려갔어요. 요즘 가장 인기가 많다는 연속 30발 막대 폭죽을 사서 모래사장으로 걸음을 옮겼지요.

'도시에 살았다면 이런 이벤트는 상상도 못 했을 텐데.'

정민이는 바닷가로 이사 온 것을 행운이라고 생각하며 불꽃놀이 준비를 시작했어요. 도시에서는 저녁에 조금만 시끄럽게 굴어도 바로 민원이 들어오거든요. 놀이터나 공원에서도 불꽃놀이는 상상도 할 수 없어요. 하지만 여기는 모래와 물이 가득한 바다니까, 조금 시끄럽거나 화재의 위험이 있어도 괜찮겠지요?

정민이는 폭죽을 모래사장에 한 개씩 묻고, 혹시 폭발할 때 불꽃이 옆으로 튀지 않도록 모래와 돌들로 단단히 폭죽을 고정했어요. 작업을 마치고 손에 묻은 모래를 터는 중에도 자꾸만 웃음이 나왔어요.

그때 마침, 희원이가 모래사장으로 들어서는 모습이 보였어요.

"희원아, 거기 있어! 내가 갈게."

정민이는 한달음에 달려가서 준비한 생일 선물을 내밀었어요. 며칠 전부터 준비한 선물을 드디어 주게 되었네요.

"오늘이 내 생일인 줄 어떻게 알았어?"

희원이는 선물을 받아 들고 얼굴이 발그레해졌어요. 하늘을 보니 노을이 수평선 바다 언저리에 붉게 내려앉고 있었어요. 정민이는 이제 때가 되었다는 생각이 들었지요.

"희원아, 여기서 잠시만 기다려 줄래?"

"왜?"

"너만을 위한 생일 이벤트가 시작될 거거든."

희원이는 기대에 찬 얼굴로 고개를 끄덕였어요.

정민이는 모래사장으로 달려가서 미리 준비한 폭죽에 불을 붙였어요. 그러자 폭죽이 치지직 소리를 내며 불타오르기 시작하더니, 잠시 후 형형색색의 불꽃이 하늘로 치솟으며 팡팡! 터졌어요. 아름다운 광경이 밤하늘을 물들였어요.

'희원이가 감동받았겠지?'

정민이가 흘끗 뒤를 돌아보자 예상대로 희원이는 깜짝 놀랐는지 화려한 폭죽을 보며 두 손으로 입을 가리고 있었어요. 역시 준비한 보람이 있어요. 뿌듯함이 밀려왔어요.

"희원아, 생일 너무너무 축하해."

정민이는 손나팔을 만들어 희원이에게 소리쳤어요. 그러고는 희원이를 위해 직접 작사한 랩을 막 시작하려던 참이었어요.

그런데 희원이가 갑자기 정민이에게 빠른 속도로 달려오는 거예요.

귀까지 붉어진 얼굴로 말이에요. 그러더니, 뜻밖에 말을 하는 게 아니겠어요?

"야! 모래사장에서 불꽃놀이를 하면 어떻게 해?"

희원이가 고맙다는 말은커녕 정민이에게 화를 내며 소리를 지르는 거예요.

정민이는 무척 놀랐어요. 폭죽에서 터져 나오는 아름다운 불꽃을 보고, 희원이가 드라마 주인공처럼 좋아할 줄 알았거든요.

"어어? 불꽃놀이가 왜? 난 그냥 네가 좋아할 것 같아서……."

"저기 좀 봐!"

희원이가 정민이 말을 끊고 손가락으로 한 곳을 가리켰어요. 이제까지는 정민이 눈에 보이지 않았던 현수막이 펄럭이고 있었어요.

'불꽃놀이 금지'

이럴 수가, 정민이의 가슴이 뜨끔했어요. 매일 오던 바닷가인데, 왜 한 번도 저 현수막을 제대로 읽어 보지 않았던 걸까요?

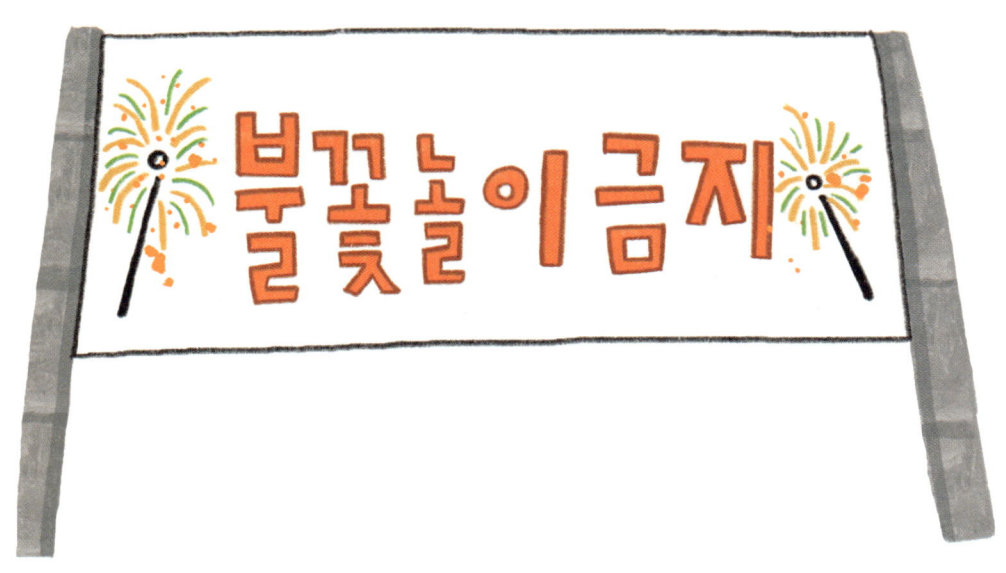

"나, 난 몰랐어! 저 현수막도 지금 본 거야."

정민이는 당황해서 급하게 변명했어요. 하지만 희원이는 마음이 상했는지 폭죽에서 나온 매캐한 연기를 손으로 휘휘 저으며 집으로 돌아가 버렸어요.

이튿날, 학교에서 정민이와 희원이는 서로를 쳐다도 보지 않았어요. 그 모습을 보고 친구 우진이는 눈치만 보며 어쩔 줄 몰라 했어요. 우진이는 희원이와 어릴 때부터 함께 자란 동네 친구예요. 정민이가 전학 온 뒤로는 셋이 함께 붙어 다니곤 했지요.

방과 후, 우진이가 교문을 나서는 정민이 가방을 죽 끌어당기며 물었어요.

"정민아, 오늘은 왜 혼자 가?"

"귀찮게 하지 마. 나 오늘 기분 별로야."

정민이가 날 선 목소리로 말했어요.

"너 혹시 희원이랑 싸웠어?"

우진이가 정민이 어깨에 팔을 척 걸치며 물었어요.

"왜? 희원이가 너한테 뭐라고 했어?"

"아니! 우린 삼총사잖아. 그런데 너희 둘이 온종일 서로 말도 안 하니까, 이상해서 그러지."

그러자 정민이는 한숨을 쉬며 어제 희원이가 크게 화를 낸 일을 털어놓았어요.

"뭐? 나만 빼고 너희 둘만 생일 파티를 했다 이거지? 그런데 그 파티를 폭죽이 망친 거고?"

우진이가 팔짱을 끼고 정민이를 살짝 노려보았어요.

"엇, 그건, 어쩌다 보니……."

정민이가 변명을 하자 우진이는 금세 표정을 바꾸었어요.

"하긴 뭐, 나는 어제가 희원이 생일인 것도 깜박했으니까. 됐어! 그런데 불꽃놀이는 다른 사람들도 다 하는 건데 그게 그렇게 화낼 일이야? 관광객들도 매일 와서 하잖아. 희원이는 하여간 별나."

"우진아! 역시 너만은 내 마음을 알아주는구나!"

정민이는 우진이의 말에 서러움이 복받쳐서 눈물이 찔끔 나올 뻔했어요.

"내가 별나다고?"

그때, 희원이가 눈을 흘기며 나타났어요. 정민이와 우진이는 뒷담화를 하다 들킨 것이 찔려서 움찔 놀랐어요.

"너희들, 폭죽이 터진 후 생기는 플라스틱 탄피를 본 적 있어?"

희원이가 묻자, 아이들이 고개를 절레절레 저었어요.

희원이는 용궁 방송국 앱을 열고 두 친구에게 보여 주었어요. 정민이와 우진이 눈이 휘둥그레졌어요.

"우와, 이게 뭐야?"

정민이가 희원이 휴대폰을 뚫어지게 보면서 물었어요. 옆에 서 있던 우진이도 눈을 초롱초롱 빛내며 희원이가 입을 열기만을 기다렸지요.

희원이는 며칠 전 있었던 일을 친구들에게 털어놓았어요. 누리가 해변에서 다쳤고, 마침 마우리 해변을 입양한 수의사 선생님과 윤아 언니 덕분에 다친 누리가 제때 치료를 받게 되었고, 수의사 선생님이 만든 앱 속 인어 기자에게 바다 환경 오염에 대해서 이것저것 궁금한 걸 물어보고 많이 알게 되었다는 사실까지 말이에요.

"인어 기자가 너희들에게 플라스틱 탄피가 뭔지 알려 줄 거야."

희원이가 [Q&A] 마이크에 대고 질문을 하자, 인어 기자가 타다 만 폭죽 막대기를 요술봉처럼 들고 나타났어요.

인어 기자, 플라스틱 탄피에 대해 알려 줘!

'플라스틱 탄피'는 **폭죽의 불꽃이 터지는 순간 폭죽에서 떨어져 나오는 플라스틱 쓰레기**야. 플라스틱 탄피와 그 파편은 쪼개지고 갈라진 상태로 모래사장이나 바다에 떨어지게 되는데, 물고기, 새, 해양 포유류 등 여러 동물이 쪼개진 플라스틱 탄피나 파편을 음식으로 착각하고 먹게 돼. 그럴 경우 내장에 낀 채로 기관이 막히거나, 영양 섭취를 방해받게 되지.

플라스틱 탄피가 환경과 동물에게만 해를 끼치는 건 아니야. 사람에게도 위험하거든.

실제로 축젯날 폭죽놀이를 구경하던 70대 할아버지가 폭죽 파편에 왼쪽 눈을 맞아 실명 위기에 처하는 사건도 일어났어. 뾰족한 탄피 조각에 발을 다칠 수도 있지.

또 불꽃놀이는 **우리 눈에 보이지 않는 쓰레기**도 만들어 낸단다. 폭죽의 아름다운 색을 연출하기 위해 화학 물질이 사용되지. 그래서 불꽃놀이를 하면 납, 바륨, 염소산염, 다이옥신, 이산화탄소, 질소, 황산화물 등으로 이루어진 독성 물질이 배출돼. 이는 생물들의 생존과 번식에 문제를 일으킬 수 있고, 우리 몸에도 당연히 좋지 않겠지?

*이미지 출처: ⓒ 오션카인드

불꽃놀이가 끝나고 해변에 버려진 플라스틱 탄피 조각들

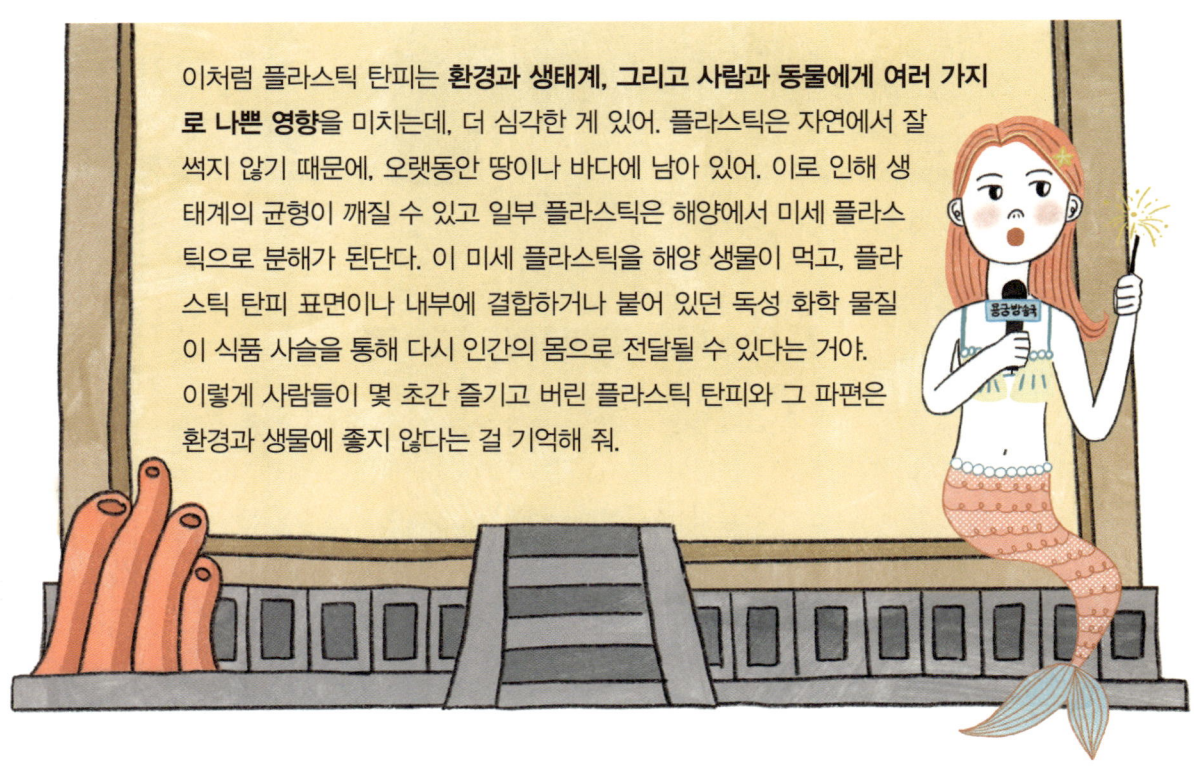

이처럼 플라스틱 탄피는 **환경과 생태계, 그리고 사람과 동물에게 여러 가지로 나쁜 영향**을 미치는데, 더 심각한 게 있어. 플라스틱은 자연에서 잘 썩지 않기 때문에, 오랫동안 땅이나 바다에 남아 있어. 이로 인해 생태계의 균형이 깨질 수 있고 일부 플라스틱은 해양에서 미세 플라스틱으로 분해가 된단다. 이 미세 플라스틱을 해양 생물이 먹고, 플라스틱 탄피 표면이나 내부에 결합하거나 붙어 있던 독성 화학 물질이 식품 사슬을 통해 다시 인간의 몸으로 전달될 수 있다는 거야. 이렇게 사람들이 몇 초간 즐기고 버린 플라스틱 탄피와 그 파편은 환경과 생물에 좋지 않다는 걸 기억해 줘.

"어때, 내가 화낼 만했지?"

정민과 우진이는 인어 기자 설명을 듣고 나니, 희원이 마음을 조금은 알 것 같았어요. 그래서 고개를 푹 숙이고 고개를 끄덕였지요.

"그리고 해변의 불꽃놀이는 2014년부터 법적으로 금지되어 있어. (해수욕장의 이용 및 관리에 관한 법률 제22조 8항) 그런데 사람들이 잘 모르고 폭죽을 사서 터트리곤 하지. 정민이 너도 몰라서 그랬을 텐데, 어젠 내가 너무 심했지? 미안."

희원이가 따스하게 말하자 정민이는 그제야 고개를 들고 멋쩍은 표정으로 머리를 벅벅 긁었어요.

"응, 난 정말 몰라서 그랬어. 드라마처럼 예쁜 하늘을 너에게 보여 주고 싶었거든……."

"네 마음은 충분히 알겠어. 그럼 우리 오늘 불꽃놀이 대신 모래사장 청소 같이 할까?"

청소라는 말에 정민이와 우진이는 인상부터 찌푸렸어요.

"갑자기?"

그러자 희원이가 반려해변 캠페인에 관해 설명해 주었어요. 설명을 듣던 정민이와 우진이 얼굴에 그림자가 길게 드리워졌어요.

"플라스틱 탄피가 뭔지도 알았고, 네 마음도 알겠는데, 내가 해변 청소까지 해야 해?"

정민이가 기어들어 가는 목소리로 대꾸했어요.

"아이쿠, 벌써 학원 갈 시간이 됐네. 여하튼 이번 일은 너희 둘의 문제니까, 함께 폭죽 쓰레기도 줍고, 화해도 하는 게 좋겠어. 나는 그만 가 볼게."

우진이도 슬금슬금 뒷걸음질 치며 말했어요. 즐거운 오후 시간에 모래사장 청소나 하고 싶지는 않았거든요.

"너 학원 시간은 내가 다 알거든! 그리고 이건 우리 모두의 일이야. 우진이 너도, 거기 딱 서!"

'어휴, 내가 왜 희원이 생일을 까먹었을까! 생일만 챙겨 줬어도, 이렇게 끌려가지는 않았을 텐데.'

우진이는 속으로 중얼거리며 어쩔 수 없이 발걸음을 옮겼답니다.

가장 특별한
생일 이벤트

"자, 우리들의 해변, 마우리 해변으로 출발!"

두 친구는 희원이의 힘찬 구령과 함께 끌려가듯 해변으로 걸음을 옮겼어요.

희원이는 머리로 아는 지식과 체험하여 알게 되는 지식은 전혀 다르다는 것을 해변 쓰레기를 주우면서 알게 되었어요. 그래서 두 친구에게도 자신의 경험을 함께 나누고 싶어서 조금 억지를 부린 거예요. 두 친구도 각자 희원이에게 미안한 점들이 있어 희원이를 따라나서게 되었네요.

희원이는 해변에 도착하자마자 가방에서 장갑과 마대, 집게를 꺼내 두 친구에게 나누어 주었어요.

"오늘 하루만은 마우리 해변을 입양했다는 마음으로 잘 돌보는 거다, 알겠지?"

"야, 넌 이런 것도 가방에 가지고 다녀?"

정민이가 묻자, 희원이가 씩 웃으며 대답했어요.

"그럼. 언제 어디서 쓰레기를 만날지 모르잖아!"

우진이는 속으로 '희원이는 정말 못 말려!' 하고 생각하며 해변으로 걸어갔어요.

썰물 때라 눈앞에 갯벌이 시원하게 펼쳐졌어요.

"이제 우리 각자 흩어져서 쓰레기를 줍고, 잠시 후에 여기서 다시 만나는 거야."

희원이가 진두지휘를 했어요.

"그럼 난 저쪽으로 가서 쓰레기 주워 올게."

우진이는 갯벌과 모래사장을 번갈아 보더니, 갯벌을 가리키며 말했어요. 갯벌에는 예전에 김 양식용으로 사용하던 어구와 사용하지 않는 말뚝들이 박혀 있어 약간 으스스하긴 했지만, 그래도 모래사장보다는 쓰레기가 적어 보였거든요.

반면에 정민이는 희원이 눈치를 보며 어젯밤 폭죽을 설치한 모래사장 근처로 가서 쓰레기를 줍기 시작했어요.

"엥? 무슨 쓰레기가 이렇게 많아!"

정민이는 모래에서 깨진 플라스틱 탄피를 하나둘 끄집어내며 깜짝 놀랐어요. 모래에 파묻혀 있을 땐 잘 안 보였던 탄피들이, 막상 수거해 보니 셀 수도 없을 만큼 많았거든요. 그중에는 아주 날카로운 조각들도 많이 있었어요.

'희원이가 폭죽 쓰레기를 밟아 발바닥에 상처라도 났다면······.'

정민이는 팔에 소름이 오소소 돋았어요. 인어 기자한테서 플라스틱 탄피의 위험성을 듣긴 했지만 실제로 눈으로 보고 손으로 만져 보니 느낌이 완전 달랐어요. 어제 희원이가 왜 그렇게 화를 냈는지 당장에 이해가 되었고, 그런 줄도 모르고 이벤트랍시고 했던 일이 미안해서 쥐구멍에라도 들어가고 싶었지요.

"얘들아, 이것 좀 봐!"

우진이가 갯벌에 들어간 뒤 십 분도 안 되어서 아이들에게 달려왔어요.

"엥, 벌써 다 주웠어?"

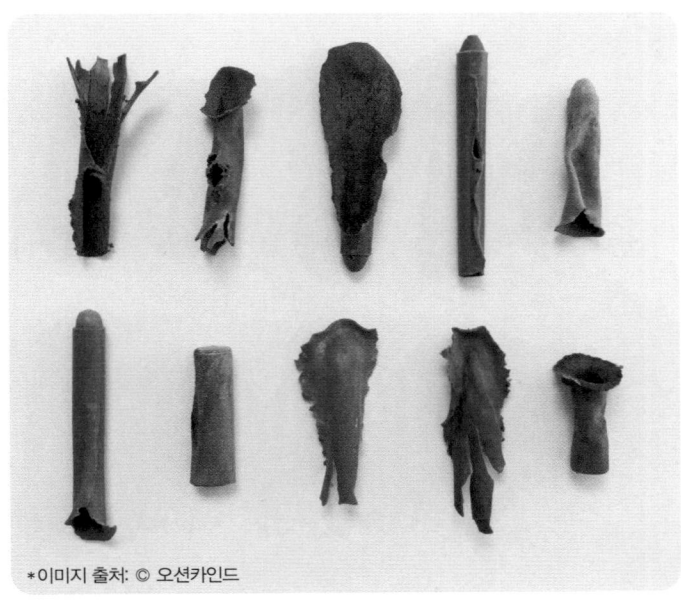

*이미지 출처: ⓒ 오션카인드

단면이 날카로운
플라스틱 탄피 조각들

희원이가 묻자 우진이는 마대를 보여 주었어요. 갯벌 주위에 묻혀 있던 플라스틱 병, 스티로폼 조각들, 그 밖에도 다양한 쓰레기들이 제법 담겨 있었어요.

"그런데 이 플라스틱 탄피는 재활용이 되는 걸까?"

정민이도 자기 마대 안을 보며 중얼거렸어요. 우진이는 플라스틱 탄피를 집어 들고 알쏭달쏭한 표정을 지었어요.

"그러게. 플라스틱은 원래 재활용 쓰레기장에서 분리수거 하잖아. 근데 이건 너무 작은 것 같기도 하고."

"그러면, 인어 기자에게 물어볼까?"

희원이는 용궁 방송국 앱에서 [Q&A] 마이크를 터치했어요. 그러자 마이크가 생성되어 깜박이기 시작했어요.

"저기, 이번엔 내가 한번 물어봐도 돼?"

정민이가 손을 번쩍 들고 묻자 희원이는 웃으며 휴대폰을 내밀었어요.

"인어 기자, 플라스틱 탄피는 재활용할 수 있어?"

그러자 인어 기자가 진주 목걸이를 걸고 헤엄쳐 나왔어요. 그런데 자세히 보니 잘게 쪼개진 스티로폼을 이어 만든 목걸이였어요.

인어 기자, 플라스틱 탄피는 재활용할 수 있어?

플라스틱 탄피의 재활용 여부는 그 **탄피의 재료와 현지 재활용 시설의 처리 능력**에 따라 달라.

플라스틱이 재활용이 되는지 살펴보려면 우선 어떤 종류의 플라스틱으로 만들어졌는지부터 알아봐야 해. 일반적으로 PET, HDPE, PVC, LDPE, PP, PS 등의 플라스틱은 재활용이 가능한 플라스틱으로 알려져 있긴 한데, 각 플라스틱에 따라 재활용 과정과 방법이 다를 수 있고, 모든 지역의 재활용 시설에서 처리할 수 있는 것도 아니야.

특히, 탄피가 다른 물질들과 섞여 있거나 특정 코팅이 되어 있다면 재활용이 어려울 수 있어. 플라스틱을 재활용하기 위해서는 오염되지 않은 상태에서 수거하는 게 중요하거든.

결론적으로 플라스틱 탄피를 재활용하고 싶으면, 너희가 살고 있는 **지역의 재활용 센터에 문의해서 재활용 가능 여부를 확인**하는 것을 추천해.

만약 재활용이 안 된다면, 땅에 묻거나(매립) 불에 태워서(소각) 처리하게 될 거야. 그럴 때는 토질 오염이나 대기 오염과 같은 환경 문제를 일으키게 되니까, 처음부터 플라스틱 탄피가 발생하지 않도록 하는 것이 더 좋겠지?

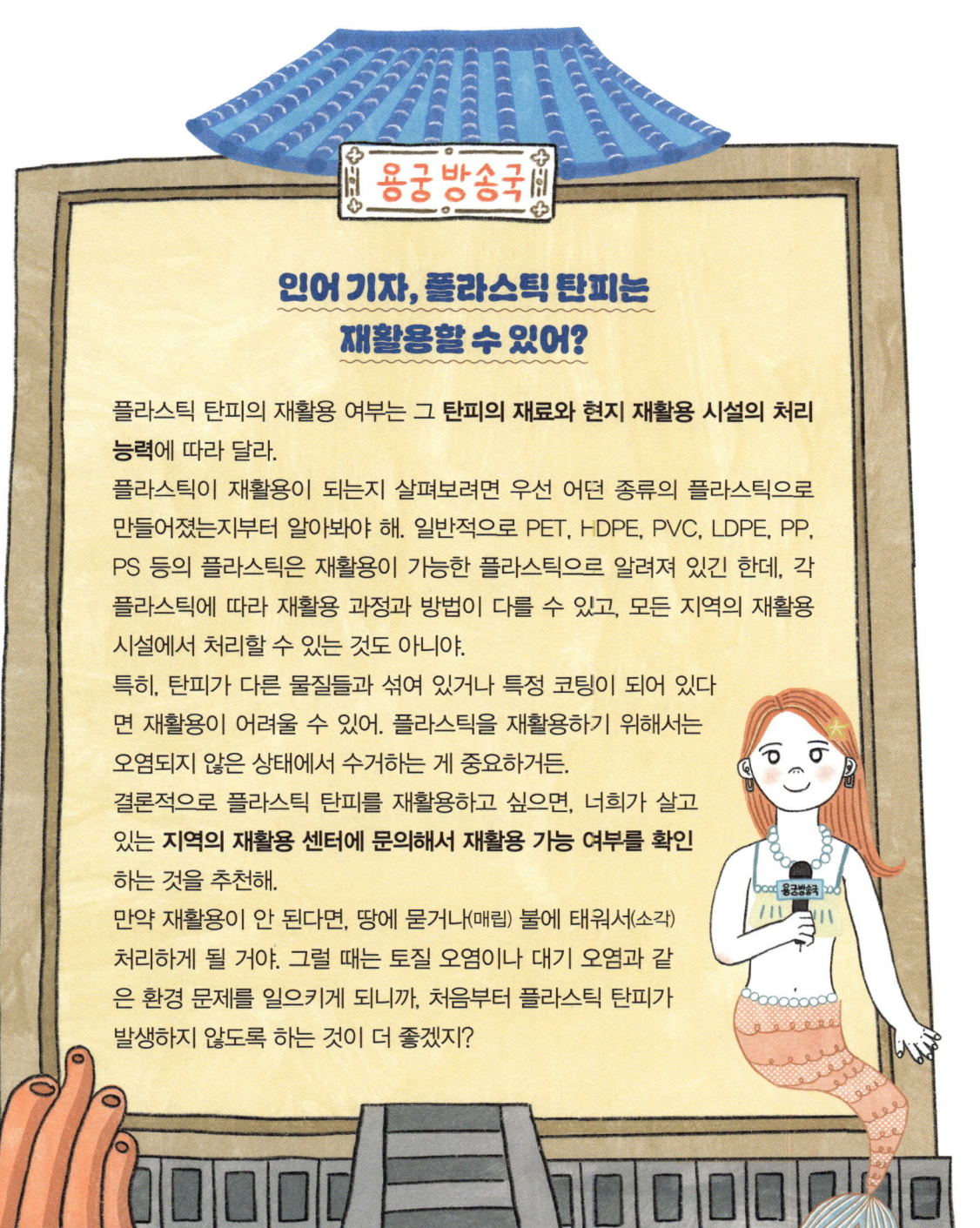

'처음부터 불꽃놀이를 하지 말걸 그랬어.'

정민이는 자기가 수거한 플라스틱 탄피를 내려다보며 한숨을 쉬었어요.

"그나저나 어제 나 때문에 생긴 플라스틱 탄피도 이만큼이나 많아. 그런데 이게 다가 아니야. 저 많은 플라스틱 탄피를 언제 다 치우지?"

정민이가 드넓은 모래사장을 쳐다보며 한숨을 쉬었어요. 그러자 옆에 있던 우진이도 따라 한숨을 쉬었어요.

"넌 또 왜?"

희원이가 물었어요.

"갯벌에 나가 보니까, 내가 좋아하는 꽃게나 조개들이 드문드문 보였는데, 그 사이로 이런 쓰레기가 엄청 많았어. 내가 먹는 음식들도 어쩌면 쓰레기에 오염되어 있는 건 아닐까 하는 생각이 들더라."

"잠깐, 이거 혹시 담배꽁초 아니야?"

희원이가 마대 안을 들여다보며 묻자 우진이가 고개를 세차게 끄덕였어요.

"맞아. 갯벌에 담배꽁초도 정말 많았어. 아까 어떤 갈매기가 새끼에게 담배꽁초를 먹이려고 하길래 내가 얼른 쫓아 버렸거든."

우진이의 표정이 금방이라도 울 것만 같이 변했어요.

"야, 그러면 이런 쓰레기들을 더 줍고 왔어야지. 왜 이렇게 금방 왔어?"

정민이가 못마땅한 듯 묻자 우진이는 머리를 벅벅 긁으며 기어들어가

는 목소리로 대답했어요.

"혼자서 주우려니까 엄두도 안 나고, 약간 무섭기도 해서."

그러자 두 친구는 킥킥 웃으며 우진이를 다독였어요.

"그러면 우리 셋이 함께 갯벌 쓰레기를 좀 더 줍고, 우진이가 좋아하는 꽃게 보러 갈까?"

"좋아!"

그렇게 아이들은 갯벌로 함께 걸어갔어요.

그런데 갑자기 정민이가 무언가를 떠올렸는지, 랩을 하기 시작했어요.

몇 초간의 낭만 놀이 불꽃놀이 즐겁죠, 예!
하지만 500년 동안 썩지 않는 쓰레기 만들죠, 예!
영원히 고통받는 해변과 해양 생명들. 몰랐죠, 예!
생명을 지키는 노력, 해변을 지키는 노력,
우리 모두의 노력이 필요해! 예!

"으하하, 갑자기 그게 뭐야?"

희원이가 배꼽을 잡으며 물었어요.

"사실은 희원이 생일 축하 송으로 불러 주려고 랩을 만들었는데, 그 랩에 가사를 바꾸어 불러 봤어, 어때?"

"오, 괜찮은데? 정민아, 한 번 더 불러 봐! 너희가 갯벌에서 쓰레기 줍는 모습에 그 랩을 녹음해서 숏폼 영상으로 올려 볼게. 누가 알아? 우리 영상을 보고 사람들이 쓰레기 청소하러 몰려 올지!"

우진이가 자기 휴대폰을 흔들며 말했어요.

"우와! 오늘이 진짜 내 생일 같아. 멋진 생일 이벤트, 정말 고마워. 얘들아!"

희원이는 두 친구에게 엄지를 치켜세우며 환하게 웃었답니다.

우리는 왜 반려해변을 입양해야 할까요?

1 해변 쓰레기는 동물에게 위험해요.

해변에 버려지는 쓰레기를 먹이로 잘못 알고 목숨을 잃는 해양 생물과 새들이 해마다 늘어나고 있어요. 특히 모래사장에 파묻혀 있는 담배꽁초나 플라스틱 쓰레기 등이 위험해요. 반려해변을 입양하여 깨끗한 해변을 만들면 동물을 보호할 수 있어요.

*이미지 출처: ⓒ Chris Jordan / CC BY 2.0

죽은 산천옹의 뱃속에서 나온 쓰레기들

2 해변 쓰레기는 사람에게도 위험해요.

바다에서 오염된 쓰레기에 노출되고, 쓰레기를 먹이인 줄 알고 섭취한 해양 생물들은 다시 우리 식탁으로 돌아올 수도 있어요. 미세 플라스틱과 같은 아주 작은 쓰레기는 우리 눈에 잘 보이지 않기 때문에 쉽게 구분하기도 어렵습니다. 우리 식탁에 올라오는 생선 반찬을 위해서라도, 반려해변을 입양하여 깨끗한 바다를 만들어야 해요.

3 해변 쓰레기는 청소하는 데 돈이 많이 들어요.

매년 국가에서 해변 쓰레기를 치우는 데 수억 원의 돈을 씁니다. 이 돈을 아끼면 도움의 손길이 필요한 사회 복지나 교육과 같은 다른 공공 서비스에 더 잘 활용될 수 있을 거예요. 반려해변을 입양하여 깨끗한 해변을 만들면 이렇게 쓰레기 청소 비용도 아낄 수 있답니다.

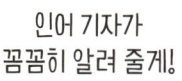

인어 기자가 꼼꼼히 알려 줄게!

'바다식목일'이 뭘까?

나무를 심는 식목일은 4월 5일. 그렇다면 5월 10일은 무슨 날인지 알아? 바로 '바다식목일'이야.

바닷속에는 다시마, 미역, 김 등 해조류가 많이 살고 있는데, 해조류는 바다 생태계에서 무척 중요한 역할을 해. 해양 생물들의 산란장 또는 먹이가 되어 주며, 바다의 이산화탄소를 흡수해 주기도 하지. 그런데 이런 해조류가 해양 쓰레기나 수온 상승으로 인해 점점 사라지고 있어. 그래서 바닷속에 해조류를 심는 바다식목일을 정한 거야.

물론 해조류를 심는 행위는 우리 같은 개인이 하기에는 좀 어려워. 그 대신 바다에 쓰레기를 버리지 않고 플라스틱 사용을 최대한 줄이기, 그리고 해변에 버려진 각종 쓰레기를 수거 및 정화하는 방법으로 바다 숲 가꾸기에 참여할 수 있단다.

해변에서 죽은 고래를 발견했다고요?

바다에서 온 고래

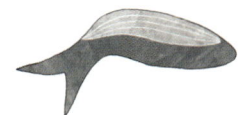

 파란 가을 하늘 아래로 바람이 살랑살랑 불어와 모래성을 쌓는 아이들의 머리카락과 옷자락을 휘날리며 지나갔어요.
 "누리 너, 내 모래성만 일부러 부순 거지?"
 우진이가 씩씩거리며 누리를 노려봤어요. 희원이와 정민이는 엉망으로 부서진 우진이의 모래성을 돌아봤어요.
 "어휴, 설마 누리가 일부러 그랬겠냐?"
 희원이가 고개를 살래살래 저으며 모래 삽 대신 원반을 집어 들었어요.
 "누리, 언니랑 원반 던지기 하자!"
 희원이는 우진이를 한 번 째려본 후 누리를 쓰다듬었어요. 그러자 기가 죽었던 누리가 언제 그랬냐는 듯 희원이 손에 쥔 원반의 움직임에 집

중하며 꼬리를 흔들었어요. 그 모습을 본 우진이는 대꾸도 못 하고 자기 가슴만 팡팡 쳐 댔어요.

"간다!"

희원이가 큰 소리로 외치며 원반을 던지자 누리는 번쩍이는 눈동자로 원반의 궤적을 따라 달렸어요. 그러고는 날렵하게 원반을 입에 물고 꼬리를 흔들며 돌아왔어요.

"나도 한번 던져 볼래!"

우진이가 나서자 희원이는 언제 째려보았냐는 듯 사근사근하게 우진이에게 원반 던지는 법을 알려 주었어요.

"가자, 누리!"

우진이는 희원이처럼 큰 소리를 외치며 원반을 던졌어요. 원반이 해변 가장자리에 있는 바위 쪽으로 날아가자 누리도 원반을 쫓아 내달렸어요. 그런데 이상한 일이에요. 이번에는 누리가 원반을 낚아채지 못하고 그 자리에 멈춰서서 컹컹 짖기만 했어요.

"이상하네. 우리 누리는 원반을 놓치는 법이 없는데."

희원이가 고개를 갸웃거리며 바위 쪽을 바라봤어요.

"내가 가 볼게."

우진이가 누리를 데리러 달려갔어요.

바위 가까이 다가가자 썩어 가고 있는 그물과 밧줄 그리고 부서진 스티로폼 부표 등이 한데 뒤섞인 쓰레기 더미들이 보였어요. 누리는 쓰레기 근처에서 낑낑거리고 있었어요.

"누리야, 왜 그래? 어라, 저게 뭐지?"

우진이가 자세히 보니, 어마어마한 크기의 검은 형체가 해변에 널브러져 있었어요. 뒤따라온 희원이와 정민이는 입을 다물지 못했어요. 파도에 떠밀려 온 죽은 고래를 발견한 거예요!

"얘들아, 내가 지금 고래를 보고 있는 거 맞아?"

정민이가 정신을 차리고 두 친구에게 물었어요.

"어떻게 이런 일이 일어났지?"

희원이의 표정이 놀라움에서 안타까운 표정으로 바뀌었어요.

"불쌍하다."

넋이 나간 듯 죽은 고래를 보던 우진이는 눈물까지 글썽였어요. 희원이와 정민이도 뭐라고 설명할 수 없는 슬픔이 느껴져 아무 말도 못 했어요. 그런데 문득 정민이가 고개를 들고 소리쳤어요.

"어쩌면 아직 살아 있을지도 몰라!"

갑자기 호기심이 발동한 정민이가 확인해 보겠다며 죽은 고래 가까이 가려고 했어요.

"그러지 마, 위험해!"

희원이가 정민이를 말렸어요. 엄마한테 들은 말이 생각났어요. 해변에 떠밀려 온 해양 동식물은 함부로 손대면 위험하다고 하셨거든요.

"흠, 그러면 이제 어떡하지?"

삼총사는 서로의 눈을 멀뚱멀뚱 번갈아 보았어요. 그러다 희원이가 "아, 그게 있었지!" 하면서 재빨리 휴대폰을 꺼냈어요. 용궁 방송국 앱을 켠 희원이는 [Q&A] 마이크에 "인어 기자, 해변에 떠밀려 온 죽은 해양 동물을 발견하면 어떻게 해야 해?" 하고 질문했어요. 그러자 치렁치렁 레이스로 만든 망토를 걸친 인어 기자가 나타났어요. 아무래도 버려진 그물을 걸친 모양이에요.

인어 기자, 해변에 떠밀려 온 죽은 해양 동물을 발견하면 어떻게 해야 해?

해변에 밀려온 죽은 고래와 같은 해양 동물을 보게 되면 **절대 손을 대지 말고 119나 경찰에 신고**해야 해. 죽은 해양 동물 몸에 퍼져 있는 세균이 사람에게 해로울 수도 있거든.

만일, 해변으로 밀려온 고래가 살아 있다면 바다로 돌려보내 주어야 하지만, 새끼 고래일 경우에는 주의해야 해. 혼자의 힘으로 바다로 돌아가서 살아남을 가능성이 적기 때문이야. 그래서 전문가의 협조를 받아야 한단다.

*이미지 출처: © Brurou, CC BY-SA 4.0

"우진아, 119에 신고하자."

희원이가 똑 부러지게 말했고, 최초 발견자인 우진이가 119에 전화를 걸어 상황을 설명하기 시작했어요.

정민이는 두 친구가 대단해 보였어요. 역시 바닷가에서 나고 자란 아이들답다는 생각도 들었어요. 그러다가 문득 저 고래는 앞으로 어떻게 되는지 궁금해졌어요. 그래서 아이들이 신고하는 동안 휴대폰으로 '해변에 밀려온 죽은 고래'라고 검색해 보았어요.

"애들아, 죽은 고래를 처음 발견하는 사람이 그 고래의 소유권을 가진다는데!"

어느 블로그의 글을 읽던 정민이가 흥분해서 소리쳤어요.

때마침 요란한 사이렌 소리와 함께 소방차와 해양 경찰차가 해변에 들이닥쳤어요. 과학자처럼 보이는 사람들도 빠르게 현장에 도착해서 고래의 크기와 종을 파악하려고 조사를 시작했어요. 한 과학자는 미터 스틱을 들고 고래의 길이를 재고, 다른 과학자는 샘플을 얻기 위해 특수 도구로 고래의 피부를 조심스럽게 채집했어요. 근처를 지나가던 사람들은 무슨 일인지 궁금해하며 멀리서 그 장면을 지켜보기 시작했어요.

해양 경찰관이 와서 최초 신고자인 우진이에게 이것저것 질문하고 있는데, 고래 소식을 들은 우진이 아빠와 마을 이장님이 급하게 달려왔어요.

"우진아, 괜찮냐? 어디 다친 데는 없고?"

우진이 아빠가 아들 몸을 이리저리 살피며 물었어요. 그러더니 기쁜 건지 슬픈 건지 모를 표정을 지으며 해양 경찰관과 이야기를 나누면서 죽은 고래를 힐긋힐긋 쳐다봤어요.
"안녕하십니까, 우진 아버님."
흰머리가 덥수룩한 남자가 우진이 아빠에게 다가와 명함을 내밀며, 국립수산과학원 고래연구센터 박사라고 자기소개를 했어요.

"우진 아버님, 고래 사체를 저희 연구소에 기증해 주실 수 있을까요? 저 고래가 왜 죽었는지 조사하면 바다를 지키는 일에 큰 도움이 될 것입니다. 부디 우리 연구소에 기증을 부탁드립니다."

박사의 목소리에는 간절함이 묻어났습니다.

"글쎄올시다. 고래 사체는 해양 보호 생물종에 해당하지 않으면, 해양 경찰서로부터 고래류 처리 확인서를 발급받아서 팔 수도 있다고 하더라고요."

우진 아빠는 고개를 저었어요. 죽은 고래를 팔면 큰돈을 벌 수 있을 것 같았거든요.

"한 번만 더 생각해 주시면 안 될까요?"

박사가 간곡히 부탁했어요.

"이보시게, 과학자 양반. 우진이가 저 고래의 최초 발견자이면, 저 고래는 우진 아비 소유가 아니겠는가. 그냥 우진 아비한테 넘기고 조사 다 했으면 그만 가소."

마을 이장님도 우진이 아빠 편을 들었어요.

"네. 그렇긴 한데, 잘 아시다시피 고래는 먹이 사슬의 최상위 포식자이기 때문에 특정 바다에 사는 물고기 분포나 변화를 보여 주는 중요한 지표가 됩니다. 또, 죽은 고래의 조직과 몸 안에 존재하는 화학 물질을 분석하여 바다 환경 오염 정도나 독성 물질의 노출 상태도 파악할 수 있습니다. 그런 과학적 분석과 조사를 통해 어민 여러분과 우리들의 바다를 좀 더 건강하게 지킬 수 있을 텐데요."

"어휴, 그런 어려운 말은 모르겠고, 조사 다 했으면 그만 가쇼."

우진이 아빠는 박사의 말을 외면하고 마을 이장님과 의논할 것이 있다며 함께 자리를 떠났어요.

고래의 마지막 소원

해변을 거닐던 관광객들은 고래를 보고 놀라서 구경도 하고 인증 사진을 찍기도 했지만, 경찰이 고래 주위로 접근 금지라는 푯말과 함께 줄을 쳐 두어서 가까이 가지는 못했어요.

"저 고래는 어쩌다가 죽었을까? 바다에 무슨 일이 생긴 걸까?"

삼총사는 모래사장에 나란히 앉아 인증 사진을 찍는 사람들을 쳐다보고 있었어요. 호기심 대장 정민이가 중얼거리자 희원이가 우진이를 힐긋 훔쳐보며 대답했어요.

"우리가 어떻게 알겠어. 아무래도 박사님이 연구를 해 봐야겠지."

고래 기증을 부탁하는 박사님과 어른들의 이야기를 들은 후 우진이는 입술을 꽉 다문 채 아무 말도 하지 않고 있어요. 희원이는 마음 약한 우진이가 걱정됐어요.

눈치를 살피던 정민이가 입을 열었어요.

"얘들아, 근데 나 궁금한 게 있어. 고래를 기증하면 우리한테 뭐가 좋은 거지? 해변에서 고래를 제일 먼저 발견한 건 우리들이잖아. 그런데 고래를 기증하면 박사님만 좋은 거 아냐?"

정민이는 조금 억울한 표정이 되었어요. 어른들 이야기를 듣고 마음이 복잡하던 우진이가 갑자기 눈을 반짝이며 제안했어요.

"그러게. 정민이 네 말이 맞아. 이 문제를 인어 기자에게 한번 물어보자!"

희원이가 재빠르게 용궁 방송국 앱을 열어 [Q&A] 마이크를 생성했어요. 휴대폰을 건네자 우진이는 약간 긴장한 표정으로 마이크를 잡았어요.

우진이가 떨리는 목소리로 질문을 했어요. 그러자 인어 기자가 하얀 가운을 입고 과학자처럼 나타났어요. 자세히 보니 그건 옷이 아니라 누군가가 쓰고 버린 마스크였지요. 아이들은 긴장한 표정으로 인어 기자의 대답을 기다렸어요.

용궁방송국

인어 기자, 죽은 고래를 기증하면 우리 같은 어린이에게 좋은 점이 있을까?

첫째, **환경 보호의 중요성**을 배울 수 있어.

과학자는 고래 사체 연구를 통해 환경 오염, 기후 변화, 과잉 어업 등과 같은 현대적인 문제에 대한 정확한 정보를 조사하고 발표할 수 있어. 그러면 미래 세대인 너희가 그러한 정보를 통해 해양 생태계에 미치는 영향에 대해 깊이 알게 될 테고, 지구의 보호자로서 해야 할 역할을 더 잘 이해할 수 있게 될 거야.

둘째, **생명의 소중함**을 깨닫게 해 준단다.

고래의 안타까운 죽음을 통해 모든 생명체가 가치 있고, 보호받아야 함을 이해하게 될 거야.

셋째, **과학적 호기심**을 생기게 해 주지.

고래의 생물학적 특성이 무엇인지, 고래가 어떻게 환경과 상호 작용하는지 등등 다양한 궁금증은 너희의 과학적 호기심을 자극할 수 있어. 모든 학문은 호기심과 질문에서 시작되잖아.

이렇듯 고래 사체의 기증은 아이들에게 다양한 교훈과 학습의 기회를 제공해 줘. 미래 세대인 너희가 더 책임감 있고 세상에 대해 깊이 생각하는 개인으로 성장하는 데 도움을 줄 거란다.

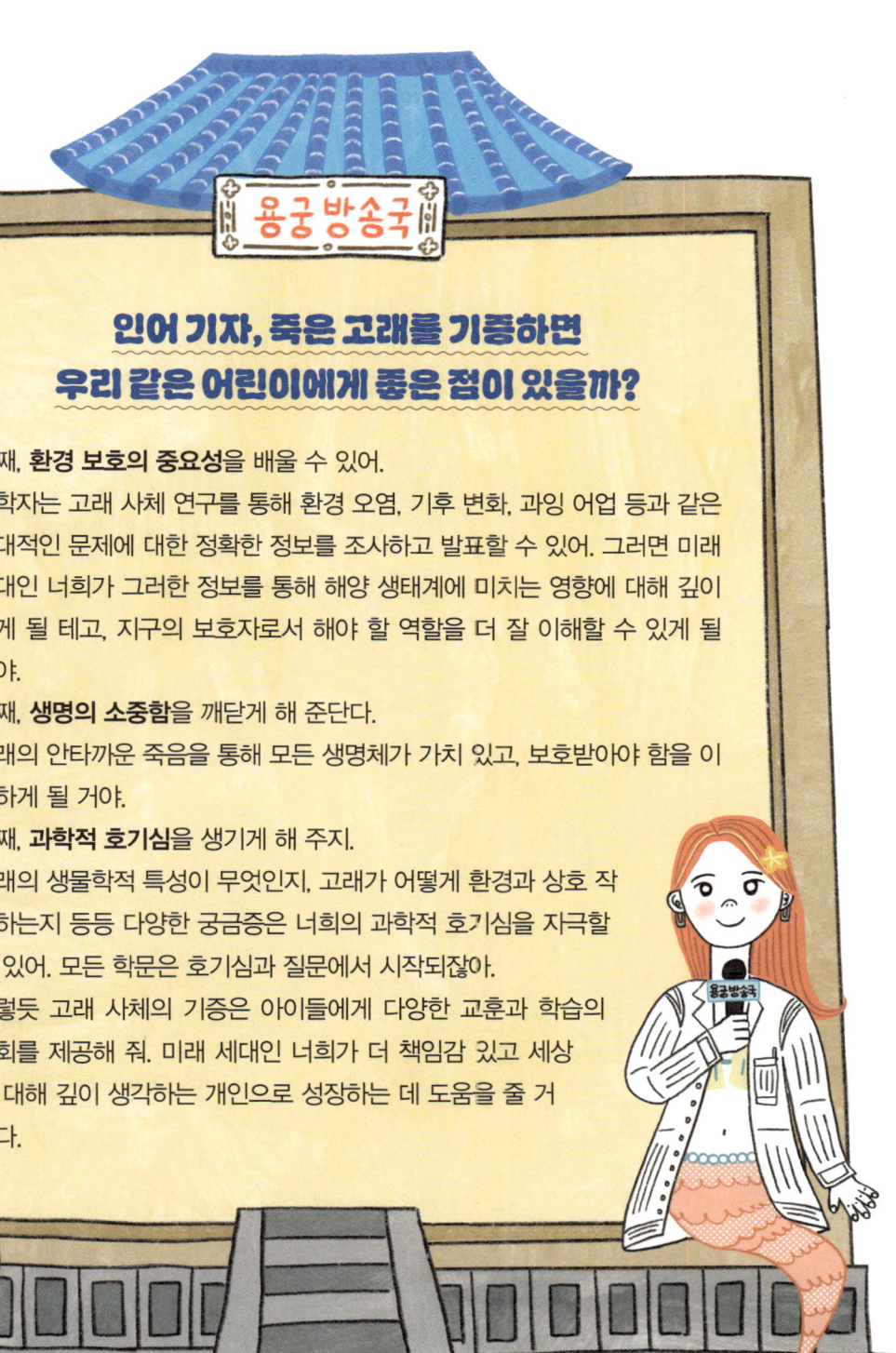

대답을 마친 인어 기자는 윙크를 한번 찡긋 날리고는 화면에서 사라져 버렸어요. 희원이와 정민이는 인어 기자의 설명을 들으며 연신 고개를 끄덕였지만, 우진이의 낯빛은 점점 어두워졌어요.

"우진아, 고래 기증은 우리에게도 정말 중요하고 필요한 일인 것 같아. 근데 너희 아빠가 과연 박사님께 고래를 기증하실까?"

정민이가 우진이에게 묻자 우진이는 퉁명스럽게 말을 뱉었어요.

"나도 몰라!"

우진이는 자리를 박차고 일어나 집으로 향해 갔어요. 남겨진 두 친구는 한숨만 푹푹 쉬었지요.

"뭐? 고래를 기증하자고?"

우진이 아빠의 목소리가 커졌어요. 집으로 돌아온 우진이가 고래를 고래연구센터에 기증하자고 했기 때문이에요.

"고래를 발견한 건 우진이니까, 우진이 뜻도 중요하잖아요."

엄마가 우진이를 대신해서 말하자, 아빠가 버럭 화를 냈어요.

"아니, 당신까지 왜 그래요? 어린애가 하는 말을 곧이곧대로 듣다니! 그걸 팔면 돈이 얼만지 알아요?"

"우리 우진이가 돈보다도 더 중요한 걸 배울 기회일지도 모르잖아요."

우진이는 방문 앞에서 부모님이 나누는 대화를 엿듣다가 이불을 뒤집어쓰고 누워 버렸어요.

찰싹찰싹!

해변에 파도가 부서지는 소리가 들렸어요. 우진이는 자기도 모르는 사이에 잠이 든 모양이에요. 어라, 그런데 눈을 떠 보니 바닷가 모래사장에 누워 있는 게 아니겠어요?

벌떡 일어나 집으로 가려고 했는데, 이상하게 누가 발을 꼭 붙잡고 있는 것처럼 움직일 수가 없었어요. 그때, 수평선 멀리서 무언가 움직이는

것이 보였어요. 그림자처럼 부드럽게 움직이는 거대한 생명체, 그것은 고래였어요! 달빛 아래서 고래가 숨을 내뿜을 때마다 바다 위로 물기둥이 솟아올랐어요.

"와, 정말 아름답다!"

우진이 입에서 자기도 모르게 감탄이 새어 나왔어요. 그러자 고래가 천천히 우진이를 향해 다가왔어요. 우진이와 고래는 고요한 달빛 아래서 마치 오래된 친구처럼 서로를 바라보았어요. 마치 고래가 우진이에게 무언가를 말하려는 것 같았어요. 잠시 후, 고래는 천천히 다시 깊은 바다로 사라져 갔어요.

"고래야, 뭐라고? 다시 한번 더 말해 줘!"

우진이는 손을 뻗으며 벌떡 일어났어요.

"어라, 꿈이었어?"

우진이는 눈을 비비고 앉아 창밖을 바라봤어요. 아직 어두운 밤이었어요. 은은한 달빛만이 고요히 바다를 비추고 있었어요. 파도가 밀려와 모래를 적시는 소리도 들려왔어요. 평소에는 아무렇지 않던 파도 소리가 왠지 불안하게 느껴졌어요.

'고래를 한 번 더 보고 와야겠어.'

우진이는 꿈속에서 본 고래가 생각나서 다시 잠을 잘 수가 없었어요. 그래서 고래가 있는 해변으로 달려갔어요.

늦은 밤이라서 해변에는 아무도 없었어요. 우진이는 천천히 고래 가까이 다가갔어요. 어쩌면 정민이 말처럼 고래가 아직 살아 있는 건 아닐까 하는 마음이 들어 목을 죽 빼고 가만히 살펴봤어요. 하지만 고래는 움직이지 않았어요.

그렇게 얼마나 시간이 흘렀을까요.

"우진아!"

주택가에서 우진이 엄마의 목소리가 들렸어요. 한밤중에 우진이가 갑자기 사라진 것을 발견하고 화들짝 놀라 찾아 나선 것이었어요. 엄마는 손전등을 이리저리 비추며 우진이를 애타게 부르다가, 모래사장에 우두커니 서 있는 우진이를 발견하고 한걸음에 달려왔어요.

"우진아, 괜찮니? 어디 갔었어."

"너, 도대체 이 시간에 여기서 뭐 하는 거야?"

엄마와 함께 달려온 아빠도 우진이가 어디 다친 곳은 없는지 이리저리 살펴보더니, 이윽고 불같이 화를 냈어요.

"아빠……. 이 고래를 시장에 팔 거예요? 그러면 이렇게 큰 고래가 왜 죽었는지 아무도 모르게 되잖아요."

우진이가 아빠를 쳐다보며 슬픈 목소리로 물었어요.

"자다 말고 무슨 뚱딴지같은 소리야? 그리고 이 고래가 왜 죽었는지, 그게 우리랑 무슨 상관이야?"

아빠는 우진이의 말이 황당하게만 느껴졌어요. 게다가, 평소에 우진이는 아빠가 화를 낼 땐 자신의 생각을 똑바로 말하지 못했는데, 오늘만

큼은 조금 달랐어요.

"아빠, 고래가 점점 멸종되어 가고 있대요. 우리가 아무것도 하지 않으면, 이렇게 아름다운 고래가 왜 사라졌는지, 우리가 어떤 영향을 미쳤는지 모르고 지나가게 된대요. 하지만 기증하면 그 원인을 알아낼 수 있대요."

두 주먹을 불끈 쥔 우진이가 한 단어 한 단어를 천천히 힘주어 말했어요. 우진이의 눈에서 눈물이 또르르 흘러내렸어요.

"허, 참!"

아빠는 낯선 우진이의 모습을 바라보며 한숨만 내쉬었어요.

"그래. 우진아, 네 마음 알았어. 그러니 인제 그만 집에 가자!"

엄마가 우진이를 감싸 안으며 다독였어요.

은은한 달빛이 해변에 누워 있는 거대한 고래를 비추고 있어요. 우진이네 가족은 한동안 그 모습을 보며 말없이 서 있었어요.

그리고 며칠 후, 우진이네 가족은 국립수산과학원 고래연구센터 박사님으로부터 받은 감사장을 함께 보고 있어요.

우진이 가족이 고래를 기증한 거예요!

"아빠, 여기 제 이름도 있어요."

우진이가 감사장에 표시된 자기 이름을 가리키며 함박웃음을 지었어요. 우진이의 법적 보호자는 아빠라서 아빠의 이름이 들어가는데, 아빠

가 특별히 감사장에 우진이 이름도 넣어 달라고 부탁했거든요.

우진이 아빠는 멋진 고래가 그려진 티셔츠를 입어 보며 말했어요.

"아들 덕분에 고래 티셔츠를 입게 될 줄 몰랐네."

고래연구센터 박사님이 감사장과 함께 보내 주신 티셔츠예요.

"여보, 죽은 고래는 용궁에서 당신과 우진이에게 정말 고마워할 거예요."

엄마가 우진이를 보며 눈을 찡긋했어요.

"맞아요. 아빠, 최고!"

우진이도 두 팔 벌려 아빠를 와락 안으며 속삭였어요.

해양 쓰레기를 줄이는 문화에는 어떤 것이 있나요?

1 일회용에서 다회용으로 전환하는 문화

미국의 유명 음료 회사인 코카콜라 컴퍼니에서는 원래 콜라를 유리병에 담아 판매했어요. 하지만 1978년, 편리하다는 이유로 일회용 페트병으로 용기를 바꾸었지요. 그렇게 점점 일회용품이 늘어난 결과 바다에는 플라스틱 섬이 생기고 육지에도 플라스틱 산이 해마다 새로 생겨나고 있습니다. 다행히도 이런 불편한 진실을 외면하지 않고 바꾸려는 사람들이 점점 증가하고 있어요. 일회용품을 줄이고 다회용품(다회용기)을 사용하자는 움직임이 늘어 텀블러, 손수건, 에코백 등의 사용이 늘어나고 있답니다.

2 제로 웨이스트(zero waste) 문화

'제로 웨이스트'는 일회용품의 사용을 줄이고 재활용이 가능한 재료를 사용해서 그 어떤 쓰레기도 매립되거나 바다에 버려지지 않도록 하는 원칙을 의미합니다. 꼭 필요한 물건만 사고, 가능하다면 빌려서 쓴 뒤에 반납하는 문화가 만들어지면 쓰레기 배출의 횟수가 줄어들게 돼요. 그러면 지구에서 함께 사는 동식물과 인간은 함께 바다, 강, 숲과 같은 지구의 환경 자원을 나누어 쓸 수 있게 되지요.

3 업사이클링(upcycling) 문화

쓸모없거나 버려지는 물건을 재료로 사용하여 가치 있고 새로운 것을 만드는 행위를 업사이클링이라고 해요. 이 문화가 확산되면 바다를 오염시키는 플라스틱과 같은 제품들이 버려지지도 않고, 새로 생산되는 것도 줄일 수 있어요.

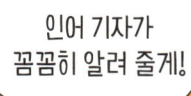

인어 기자가 꼼꼼히 알려 줄게!

'항만청소선'이 뭘까?

항만청소선은 바다의 청소를 담당하는 배로, 우리나라의 해양환경공단에서는 전국 14개 주요 항만에 항만청소선 22척을 운영하고 있어. 바다 위를 떠다니는 각종 쓰레기를 수거하는데, 해다다 약 4,000톤이나 되는 쓰레기를 청소한대.

항만청소선은 선박이 항구를 통해 바다와 육지를 드나들 때 방해가 되는 여러 쓰레기를 수시로 치우고 있고, 여름철에 장마 및 태풍 등으로 바다로 흘러 들어갈 수 있는 육상 폐기물도 수거해서 깨끗하고 안전한 항구를 만들기 위해 노력하고 있지.

또한, 바다에 기름이 유출되는 오염 사고가 일어나면 항만청소선에 탑재된 방제 장비를 활용하여 오염 물질을 신속하게 치워 준단다. 바다 생태계를 지키는 정말 든든한 친구지?

우리도 반려해변을 입양할래요!

작은 해변 마을에
찾아온 나비

"엄마다!"

바다의 삼총사 희원이, 정민이, 우진이는 학교를 마치고 집으로 돌아가는 중이었어요. 그런데 바닷가에서 마을 부녀회의 엄마들이 모여 있는 모습이 보였어요. 희원이는 엄마를 발견하고 곧장 달려갔습니다.

무얼 하나 봤더니 희원이 엄마와 다른 아주머니들은 바닷가에 있는 재활용 분리수거장에서 땀방울을 흘리고 있었어요. 휴일만 지나면 관광객이 버리고 간 일회용 용기와 각종 쓰레기들이 가득했거든요. 특히 배달 음식 용기에 남은 음식물들이 썩어 지독한 냄새가 코를 찔렀습니다.

"훠~이! 이런 거 먹으면 배탈 난다!"

까마귀와 갈매기들이 일회용 음식 용기에 남은 음식 쓰레기들을 먹으

려 하자 한 아주머니가 큰 소리로 내쫓았어요. 하지만 새들은 자기가 먹는 음식이 해로운 줄도 모르고 아주머니 주위를 계속 맴돌았어요.

"엄마, 저도 도울게요!"

희원이가 팔을 걷어붙였어요. 그러자 우진이와 정민이도 함께 돕겠다며 가방을 내려놓았어요. 아주머니들은 그런 삼총사를 보며 함박웃음을 지었어요.

"아이고, 어린 친구들이 정말 기특하네."

"그런데 애들아, 재활용 분리배출 방법은 알고 있니?"

희원이 엄마가 물었어요.

"재활용되는 것과 일반 쓰레기를 따로 분류하면 되는 거 아니에요?"

우진이가 말하자 정민이는 자기도 질세라 앞으로 나섰어요.

"그리고 또! 플라스틱도 재활용이 되는 것과 안 되는 것을 구분해서 버려야 해요."

"어휴, 정말 똘똘하구나."

희원이 엄마가 칭찬하자, 정민이는 어깨가 으쓱해졌어요.

'희원이가 내 멋진 모습을 봤겠지?' 하고 뒤를 돌아보았는데, 어라? 희원이는 보이지 않았어요. 우진이는 희원이를 찾아 두리번거리는 정민이를 보고 킥킥거렸지요. 그때 희원이가 분리수거장 뒤편에서 나타났어요.

"엄마! 이런 건 어떻게 버려야 해요?"

희원이가 들고 있는 것은 음식이 남아 있는 플라스틱 배달 용기였어요. 썩은 음식 냄새 때문에 희원이는 한 손으로는 용기를 들고, 다른 손으로는 코를 세게 움켜쥐고 있었지요.

"모르면 물어보면 되잖아!"

정민이가 이젠 제법 익숙한 손놀림으로 인어 기자를 불러냈어요. 이번엔 인어 기자가 어떤 모습으로 나타날지 궁금해하면서 말이에요.

녹슨 낚싯바늘을 키링처럼 달고 나타난 인어 기자는 마이크를 들고 대답하기 시작했어요.

인어 기자, 음식이 남아 있는 일회용 배달 용기는 어떻게 재활용되는지 알려 줘!

음식이 남아 있는 일회용 배달 용기의 재활용을 하기 위해서는 몇 가지 해야 할 일이 있어.

첫째, **용기에 남아 있는 음식물을 제거**해야 해. 음식물과 다른 오염 물질은 재활용 과정을 방해할 수 있거든.

둘째, **용기에 표시된 재활용 마크나 번호를 확인**해야 해. 대부분의 일회용 배달 용기는 플라스틱, 종이, 알루미늄 등 다양한 소재로 만들어지거든. 그래서 재활용이 가능한 소재인지를 확인해야 한단다.

셋째, 용기가 재활용 가능한 소재로 만들어졌다면, 가능하면 흐르는 물로 간단히 씻어 **음식물이나 기름 자국을 제거**해야 해. 깨끗한 용기는 재활용 과정에서 오염을 방지하고, 재활용 효율을 높여 주거든.

조금 번거롭지만, 깨끗한 바다를 위해 애써 줄 수 있지?

삼총사는 인어 기자 말을 듣고 배달 음식 용기부터 분리 배출하기 시작했어요. 그러다가 정민이가 조심스럽게 희원이 엄마에게 질문을 했어요.

"근데 아주머니. 관광객이 버리고 간 쓰레기는 청소하시는 분들이 치우는 거 아니었어요?"

"물론 공공장소에 버린 쓰레기를 청소하시는 분이 따로 있지. 그런데 쓰레기가 너무 많이 버려지니까, 그분들 손만으로는 완전히 청소하기가 어려워. 시민들이 힘을 합하면 해변이 훨씬 더 깨끗해질 수 있잖니. 그때처럼 말이야."

희원이 엄마가 웃으며 대답했어요.

"그때라니요?"

귀를 쫑긋 세우고 듣던 우진이가 이야기를 재촉했어요.

"2007년에 태안군 앞바다에서 사고로 엄청난 기름이 바다에 쏟아졌어. 그때 태안군과 서산시 양식장과 어장이 시커먼 기름으로 오염되었지. 짙은 기름띠는 인근 바다는 물론이고 멀리 제주도까지 흘러갔어."

"정말요? 그런 일이 있었어요?"

희원이도 처음 듣는 이야기였어요.

"엄청났지. 그 사고가 났을 때, 어부들은 한순간에 생활의 터전을 잃어버렸어. 양식장의 굴이나 김은 모두 다 죽었고, 특히 갯벌에서 조개류를 잡아서 살아가던 어민들이 엄청난 손해를 입었지."

옆에 있던 아주머니가 당시 상황을 떠올리는 것만으로도 고통스러운지 미간을 잔뜩 찌푸리며 덧붙였어요.

"물고기도 죽고, 새들도 죽고, 사람들도 생업에 지장이 있었더랬지. 관광객도 오지 않게 되었으니까."

"맞아, 그랬지. 사람들은 이제 깨끗하고 아름다웠던 태안 바다는 영영 원래대로 돌아올 수 없을 거라고 말했어. 그런데 놀랍게도, 사고가 발생한 지 2년 만에 거의 다 회복할 수 있었단다."

"와! 어떻게요?"

삼총사의 눈이 초롱초롱 빛나기 시작했어요.

"처음에는 몇몇 환경 단체와 자원봉사자들이 지독한 기름 냄새를 견디면서 갯벌과 모래와 바위에 묻은 기름을 닦아 냈어. 그런데 그 모습을 뉴스에서 보고 전국에서 수십 만 명의 시민들이 기름을 제거하려고 태안으로 몰려왔어. 그때 모였던 작은 힘들이 바다도 살리고 희원이 아빠와 같은 어민들도 살린 거지."

"흐에엑! 그렇게 많이요?"

삼총사는 희원이 엄마 말을 듣고 놀라워했어요. 어마어마한 사고를 사람들이 힘을 합쳐 이겨 냈다니, 정말 감동적인 이야기였지요.

그런데 이야기를 마친 희원이 엄마 표정이 다시 어두워졌어요.

"그나저나 오늘 이렇게 청소를 해도, 주말이 지나면 저기 갯벌이랑 해변에 다시 쓰레기가 쌓일 텐데. 정말 걱정이구나!"

"엄마, 그러면 우리도 마우리 해변과 갯벌을 입양해서 깨끗하게 돌봐 주는 건 어때요?"

희원이는 반려해변 캠페인을 떠올렸어요. 이 캠페인에는 누구나 참여할 수 있다고 하니까 희원이가 다니는 초등학교와 마을 부녀회가 함께 마우리 해변과 갯벌을 입양해서 정기적으로 정화 활동을 하면 좋겠다고 생각했거든요.

"그런데 마우리 해변은 수의사 선생님들 단체에서 입양했다고 하지 않았어?"

우진이 질문에 희원이는 똑부러지게 대답했어요.

"맞아. 그런데 하나의 해변을 다른 단체가 동시에 입양할 수 있다고 하더라. 그러니까 우리 학교랑 부녀회도 함께 마우리 해변을 입양할 수 있을 거야."

희원이는 새로운 프로젝트를 기획할 생각에 가슴이 두근거렸어요.

"정말 멋진데? 그 반려해변 입양이라는 거, 어떻게 하면 되는 거니?"

희원이 엄마가 물었어요.

"우선 학교 홈페이지에 있는 학생 제안 게시판에 반려해변 캠페인에 참여하자는 글을 올리려고 해요."

그런데 우진이가 조심스럽게 의견을 제시했어요.

"그런데 만약 제안이 받아들여져서 학교에서 반려해변 캠페인에 참여한다고 하면, 싫어하는 아이들이 생기지 않을까?"

우진이는 처음 해변에서 쓰레기를 줍던 날을 떠올렸어요. 지금은 누구보다 열심히 바다를 지키려고 애쓰고 있지만, 처음엔 귀찮게 여겼으니까요. 희원이 엄마는 고개를 끄덕였어요.

"당연하지. 가족을 억지로 입양할 순 없으니까 말이야. 반려해변 캠페인은 입양자들의 자발적 참여가 중요하겠구나."

"아이들이 잘 도와줄까요? 다들 공부하랴 학원 가랴 바쁠 텐데요."

희원이가 걱정스러운 표정이 되자 엄마가 웃으며 삼총사를 바라보았어요.

"애들아, 혹시 '나비 효과'라는 말 들어 봤니?"

그러자 정민이가 눈을 반짝이며 대답했어요.

"저, 알아요! 나비의 날갯짓처럼 작은 변화가 전체에 엄청난 변화를 만들어 낸다는 말이지요."

그러자 희원이가 정민이에게 엄지척을 날렸어요. 정민이의 볼이 빨간 자두처럼 붉어졌어요.

"맞아. 누가 알겠니? 너희들의 작은 목소리가 마우리 해변과 갯벌을 깨끗하고 아름답게 만드는 커다란 변화를 가져올지?"

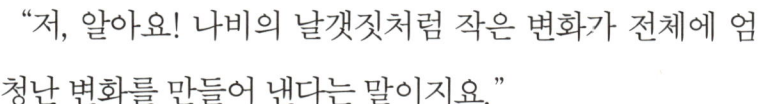
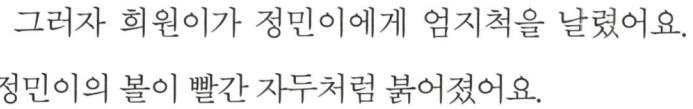

바다와 함께하는 축제 한마당

"대단한데! 사람들이 엄청 모였어."

삼총사가 학교 게시판에 올린 글이 계기가 되어 마우리 초등학교와 마을 부녀회가 반려해변 캠페인에 동참하기로 했어요. 오늘은 그 출발을 기념하는 발대식이 있는 날이라 수많은 사람이 해변에 모였답니다. 희원이가 다니는 학교의 친구들, 동생들, 언니와 오빠들도 보이고 희원이 엄마랑 다른 아주머니들, 그 가족들까지 즐거운 마음으로 나온 것 같았어요.

"오늘은 마우리 해변과 갯벌을 반려해변으로 입양한 첫날입니다. 이렇게 많은 분이 반려해변 캠페인에 함께해 주셔서 정말 감사합니다. 오늘 이 캠페인이 더욱 값진 이유는, 우리 학교 어린이들이 반려해변의 의미를 먼저 알고 제안해 주었다는 겁니다."

교장 선생님이 대표로 인사말을 하며 삼총사를 향해 윙크했어요. 희원이와 정민이, 우진이는 마음이 너무 뿌듯했어요.

"윤아 언니! 수의사 선생님! 안녕하세요!"

희원이는 근처에 앉아 있는 수의사 선생님과 윤아를 발견하고, 환하게 웃으며 손을 흔들었어요.

"정말 훌륭하구나. 너희들 덕분에 해변은 물론이고 '블루카본'의 대표 주자인 갯벌까지 보살필 수 있게 되었어."

삼총사는 수의사 선생님의 칭찬을 듣고 쑥스러워했어요. 그런데 아무리 쑥스러운 와중이라도 궁금한 건 못 참는 희원이가 질문을 했어요.

"선생님, 그런데 방금 말씀하신 블루카본이 뭐예요?"

사실은 두 친구도 궁금하던 참이었지요. 그러자 윤아가 주머니에서 휴대폰을 스윽 꺼내며 이렇게 말했어요.

"그럼 우리, 인어 기자에게 물어볼까?"

세 친구는 휴대폰을 가운데 두고 동시에 한목소리로 질문했어요.

"인어 기자, 블루카본이 뭔지 알려 줘!"

[Q&A] 마이크에 대고 큰 소리로 말하자 여느 때처럼 살랑살랑 꼬리를 치며 인어 기자가 나타났어요. 이번에는 머리에 투명한 모자를 쓰고 있었는데, 버려진 비닐봉지로 만든 것이었지요.

인어 기자, 블루카본이 뭔지 알려 줘!

블루카본(blue carbon)은 **바다와 갯벌, 늪지 같은 물가에 살고 있는 식물들이 흡수해서 저장하는 탄소**를 말해. 2009년 UN이 발표한 보고서에 의하면, 물가의 탄소 흡수 속도가 육상 생태계보다 최대 50배 이상 빠르고, 수천 년 동안 탄소를 저장할 수 있다고 하니 정말 놀랍지?

이렇게 바다나 갯벌에 사는 염생 식물과 그 주변 환경이 탄소를 흡수해서 저장하게 되면, **지구가 더워지는 온난화 현상을 줄일 수 있어!** 그렇기에 블루카본의 역할을 하는 바다나 갯벌을 잘 보호해야 해. 그래야 바다나 갯벌이 지구의 환경과 사람을 지키는 일을 계속할 수 있거든!

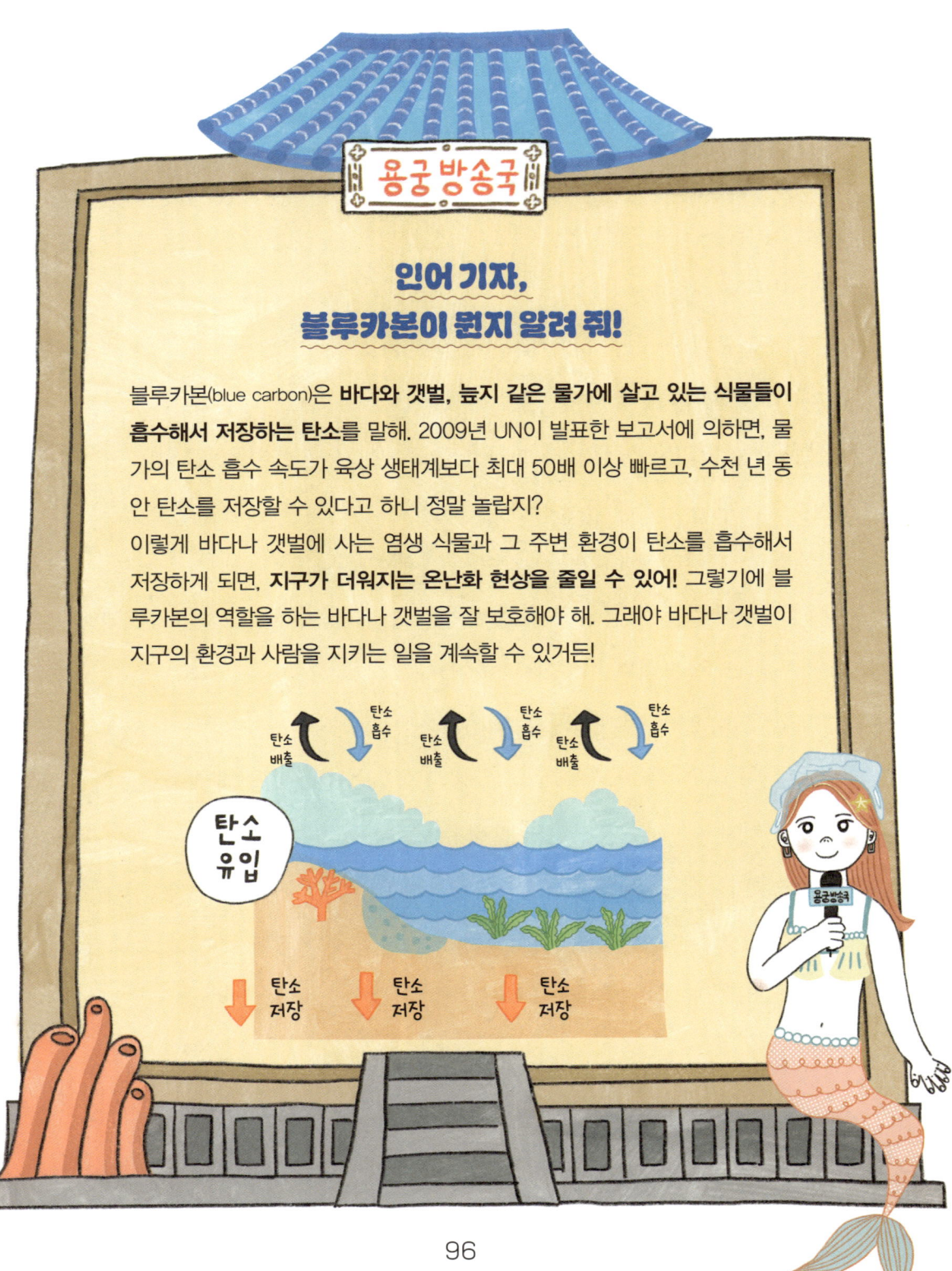

"지금까지 갯벌은 그저 조개나 꽃게를 잡는 곳으로 생각했는데, 이렇게 중요하고 대단한 역할을 하는지 몰랐어요."

인어 기자의 설명을 들은 우진이가 말했어요.

"갯벌은 수산물 생산은 물론이고 해양으로 유입되는 오염 물질을 정화하고 지진이나 해일로 인한 피해도 줄여 준단다. 지금처럼 우리가 잘 보호해야겠지?"

윤아가 한창 갯벌 이야기를 하고 있는데, 한쪽에서는 벌써 반려해변 입양자들이 쓰레기를 줍기 시작했어요. 난생처음 쓰레기를 줍게 된 학교 친구들이 우르르 달려와서 이것저것 물었어요.

"얘들아, 이것 봐! 깨진 유리병이 일곱 개나 있어!"

"우웩, 이 통 안에 이상한 게 가득해. 이걸 모두 끄집어내야 하는 거야?"

쓰레기 줍기 선배인 삼총사와 윤아는 갑작스러운 질문 공세에도 친절한 목소리로 차근차근 대답해 주었어요.

"수의사 선생님! 정보 데이터 입력하는 것 좀 도와주세요."

한쪽에서는 부녀회 아주머니들이 수의사 선생님을 부르고 있었어요. 아주머니들은 입양자들이 수거한 쓰레기 마대를 한곳에 모아 놓고 찰칵찰칵 사진도 찍었어요. 해양 쓰레기 정화 활동을 마친 뒤에는 수거된 폐기물의 종류와 무게, 활동 이미지와 내용 등을 기록하면 추후 해양 쓰레기 문제 해결을 위한 소중한 자료로 사용할 수 있거든요.

삼총사도 각자 구역을 맡아서 본격적으로 쓰레기 수거를 시작했어요. 웃고 떠들면서, 그러나 때로는 슬픈 마음으로 쓰레기를 수거하다 보니 시간이 정말 빠르게 흘러갔어요.

모든 활동이 끝난 뒤, 사람들은 반려해변 본부의 안내를 따라 모두 한자리에 모였어요. 그리고 저마다 쓰레기 수거를 하면서 느낀 점을 이야기하기로 했지요.

"우리 마우리 해변과 갯벌에는 해마다 많은 관광객이 찾아오는데요,

매일 치워도 또다시 발생하는 쓰레기는 우리 마을의 골칫거리였거든요. 그런데 이렇게 반려해변 캠페인을 통해 깨끗하게 청소하니까, 너무 기분이 좋습니다."

부녀회 회장인 희원이 엄마가 먼저 입을 뗐어요.

"저는 오늘 쓰레기를 줍다 보니, 거창한 폐기물이 아니라 평소 우리가 흔히 접할 수 있는 담배꽁초, 페트병, 캔 같은 게 많더라고요. 저도 무심코 그런 쓰레기를 버린 적이 있는 것 같아서 반성하게 되었습니다."

"저도 딸과 함께 해변을 청소했는데요, 날카로운 쓰레기들이 꽤 위험해 보이더라고요. 남의 일이라고만 생각했는데, 내 아이가 다칠 수도 있다고 생각하니 더 열심히 해변을 관리해야겠다고 생각했어요."

"자기가 만든 쓰레기는 자기가 가져가서 버리는, 그런 사소한 것들만 지켜져도 환경이 아주 깨끗해지지 않을까요?"

어른들이 돌아가며 한마디씩 하고 힘껏 박수를 쳐 주었어요. 그리고 어느새 마이크는 아이들에게로 넘어왔어요. 정민이도 우진이도 부끄럽다며 손사래를 치고, 결국 마이크는 희원이에게까지 미뤄졌지요. 희원이도 조금 수줍었지만 자리에서 벌떡 일어나 모두를 둘러보며 말했어요.

"저는 반려해변 캠페인 활동을 통해서 한 가지는 실천할 수 있을 것 같아요. 바로 쓰레기를 덜 만들고, 제대로 분리 배출하기예요. 나 하나쯤은 쓰레기를 버려도 상관없겠지, 하는 마음 대신에 나부터 쓰레기를 줄이고 제대로 버려야겠다고 생각했어요. 그러면 앞으로 우리들의 놀이터인 바다를, 그리고 갯벌을 지킬 수 있을 것 같아요."

반려해변 캠페인에 참여했던 모든 사람들이 마음을 다해 손뼉을 쳤어요. 희원이 얼굴이 발그레해지자, 수의사 선생님과 윤아가 손으로 하트를 만들어 날려 주었답니다. 앞으로 더욱 깨끗해질 마우리 해변의 모습을 상상하니, 희원이의 가슴은 한껏 부풀어 올랐어요.

반려해변을 돌볼 때 주의해야 할 점은?

정화 활동 시 안전 수칙

- [ ] 모든 정화 활동은 참가자의 안전을 최우선으로 여깁니다. 쓰레기를 줍는 것도 좋지만, 다쳐서는 안 되겠지요?

- [ ] 참가자는 쓰레기를 줍거나 분류할 때 반드시 장갑을 착용하며, 유리 조각, 주사기, 낚싯바늘 등 날카로운 쓰레기를 수거할 때 항상 주의해야 해요.

- [ ] 더운 여름에는 일사병에 걸리기 쉬우니 모자를 착용하고 수시로 물을 마셔요.

- [ ] 너무 무겁거나 위험한 쓰레기는 직접 수거하지 않고 안전 지도자에게 알려 주세요.

- [ ] 테트라포드 등 위험한 해변 구조물에는 다가가면 안 돼요.

- [ ] 수거된 유리 또는 플라스틱 용기 안에 정체를 알 수 없는 내용물이 있다면 직접 꺼내거나 확인하지 않도록 해요.

- [ ] 해변 식물을 밟지 않도록 조심하고, 상처를 입은 동물을 발견하면 만지지 말고 안전 지도자에게 신고하세요.

- [ ] 우천, 강풍, 풍랑 발생 등 날씨가 좋지 않다면 정화 활동을 하지 말고 다른 날에 다시 하세요.

인어 기자가 꼼꼼히 알려 줄게!

'한국의 갯벌'이 유네스코 세계유산에 등재되었다고?

2021년, '한국의 갯벌(Getbol, Korean Tidal Flats)'이 유네스코 세계유산에 등재되었어. 세계유산으로 등재된 갯벌은 충남의 서천 갯벌, 전북의 고창 갯벌, 전남의 신안 갯벌, 전남 보성-순천 갯벌 등 총 4개로 구성된 연속 유산으로, 5개 지자체에 걸쳐 있으며, 모두 습지 보호 지역으로 지정되었단다.

세계유산 위원회는 한국의 갯벌이 지구 생물 다양성 보전을 위해 세계적으로 가장 중요하고 의미 있는 서식지 중 하나이며, 특히 멸종위기 철새의 기착지로서 가치가 크다고 평가했대. 정말 자랑스럽지 않니? 우리의 갯벌, 깨끗하고 건강하게 지켜 나가자!

이미지 출처: ⓒ Seungh, CC BY-SA 3.0

🏆 생각쑥쑥 지식학교 04
지구를 아끼는 10대를 위한 반려해변 이야기

초판 1쇄 발행 2025년 7월 31일

글 | 김현정
그림 | 이다혜

펴낸곳 | 보랏빛소
펴낸이 | 김철원

책임편집 | 김이슬
디자인 | 김규림
마케팅·홍보 | 이운섭

출판신고 | 2014년 11월 26일 제2015-000327호
주소 | 서울시 마포구 양화로1길 29 2층
대표전화·팩시밀리 | 070-8668-8802 (F)02-323-8803
이메일 | boracow8800@gmail.com

• 이 책의 판권은 저자와 보랏빛소에 있습니다.
• 저작권법에 의해 보호받는 저작물이므로 무단전재와 복제를 금합니다.
• 책값은 뒤표지에 있습니다. 잘못된 책은 구입한 곳에서 바꾸어 드립니다.

어린이제품 안전특별법에 의한 제품 표시사항
제조자명: 보랏빛소 | 제조국명: 대한민국
제조년월: 2025년 7월 | 사용연령: 10세 이상